토지 분배의 정의

이 책에서 『토지 분배의 정의』는 2016년 CreateSpace Independent Publishing Platform에서 출간한 토머스 페인의 『Agrarian Justice』를 한국어로 옮김을 밝힌다.

토머스 페인, 혁명인가 상식인가

토지 분배의 정의

토머스 페인 지음 | 정균승 옮김

프롬북스
frombooks

프랑스 초상화가 로랑 다보(Laurent Dabos)가
1791년경 그린 토머스 페인의 초상화.

차례

토지 분배의 정의

토머스 페인

프랑스 개혁 입법에 담겨야 할 최우선 과제들 가운데 하나는 이른바 문명화된 삶으로부터 누릴 수 있는 편익과 함께 그로 인해 초래되는 해악을 치유하는 것이다.

흔히들 자랑스러운 듯이 문명화라고 부르지만 어쩌면 잘못 부르고 있는지도 모를 지금의 상황이 인간으로서 누려야 할 일반적인 행복을 크게 증진시켰는지, 아니면 크게 훼손시켰는지 여부는 누구도 명쾌하게 결론을 내릴 수 없는 문제임에 틀림없다. 한편으론 눈부시게 문명화된 모습을 보고 눈이 휘둥그레지다가도, 다른 한편으론 극도의 비참한 모습에 충격을 받기도 하는 것이 부인할 수 없는 사실이다. 이른바 문명화된 나라들에서 발견할 수 있는 공통점은 인간으로서 경험할 수 있는 최고의 풍요와 최악의 궁핍이 동시에 존재한다는 것이다.

인간이 사는 사회가 어때야 하는지 이해하려면 초기 자연 그대로의 상태가 어떤 것이었는지 알아보면 된다. 대표적인 사례가 오늘날 북미 인디언들이 사는 모습이다. 그들의 삶에서는 오늘날 유럽의 모든 마을과 거리에서 목격할 수 있는 빈곤과 결핍으로 인한 어떤 비참함도 찾아볼 수 없다.

따라서 빈곤은 이른바 문명화된 삶이 초래한 현상이다. 빈곤은 자연상태에서는 존재하지 않는다. 달리 말하자면 자연상태는 농업, 기술, 과학, 제조업 등으로부터 얻는 각종 편익도 존재하지 않는 상태이다.

북미 인디언의 삶은 유럽에 사는 가난한 사람과 비교했을 때 날마다 휴일의 연속이다. 반면에 유럽의 부자와 비교하면

극도로 비참한 것처럼 보인다.

그러므로 이른바 문명화는 두 가지 방향으로 작동한다. 즉, 자연 그대로 있을 경우의 상태와 비교해봤을 때 그 사회의 일부 계층은 더욱 풍요롭게 만드는 측면도 있지만, 다른 계층은 더욱 비참하게 만드는 측면도 있는 것이다.

자연상태에서 문명화된 상태로 이행하는 것은 언제든 가능하다. 그러나 문명화된 상태에서 자연상태로 되돌아가는 것은 거의 불가능하다. 왜냐하면 자연상태에서 수렵생활을 하면서 자신의 삶을 영위하기 위해 필요로 하는 땅의 면적은 문명화된 상태에서 경작을 통해 자신을 부양하는 데 필요한 땅보다 10배는 더 많아야 하기 때문이다.

그러므로 어떤 나라가 경작의 개선과 과학기술의 도움으로 인구가 늘어나게 되면 그 상태를 지속적으로 유지하지 않으면 안 된다. 왜냐하면 그렇게 하지 않을 경우 전체 인구 가운데 10분의 1을 제외한 나머지 인구는 어쩌면 생존을 유지할 수 없을지 모르기 때문이다. 따라서 오늘날 우리가 해야 할 일은 자연상태에서 문명화된 상태로 사회가 변모한 이후 발생한 해악은 치유하고 편익은 지속하는 것이다.

이러한 관점에서 봤을 때 문명화된 사회가 과거에 고수해야 했고 앞으로도 고수해나가야 할 첫 번째 원칙은 문명화가 시작된 이후에 태어난 어떤 사람도 만일 그가 문명화 이전에 태어났더라면 누릴 수 있었던 상태보다 더 나빠져서는 안 된다는 것이다.

그러나 작금의 모든 유럽 국가들의 경우 수백만 명의 사람들이 문명화가 시작되기 이전에 태어났거나 차라리 오늘날 북미 인디언 사회에서 태어났더라면 누릴 수 있었던 상황보다 훨씬 열악하게 살아가고 있다. 어떻게 이런 일이 일어나게 되었는지 지금부터 설명해보겠다.

자연 그대로의 경작 상태에서 지구는 '인류의 공유재산the common property of the human race'이었으며 앞으로도 그럴 것이라는 것은 논쟁의 여지가 있을 수 없는 분명한 사실이다. 그렇게 볼 때 모든 사람들은 태어날 때부터 공유재산을 가지고 있어야 마땅하다. 따라서 인간은 모두가 땅이라고 하는 공유재산과 동식물을 포함하여 거기에서 나오는 모든 자연 생산물을 공동으로 소유하며 함께 삶을 영위해나가는 것이 당연할 것이다.

그러나 앞에서 말했듯이 자연상태의 지구는 경작된 상태에서 할 수 있는 것보다 훨씬 적은 수의 인구만을 부양할 수 있다. 그리고 경작에 의해 개선된 땅과 본래의 자연 그대로의 땅 자체를 분리하는 것은 불가능해졌다. 결국 이들을 연결해주는 과정에서 경작된 토지 소유물이라는 개념이 등장하게 되었다. 그러나 그럼에도 불구하고 어떤 경우에도 개인의 토지 소유물은 단지 그 땅에 추가로 개선한 것의 가치일 뿐이지 땅 그 자체는 결코 아니라는 사실에는 변함이 없다.

그러므로 경작지를 소유하고 있는 사람은 누구나 자신이 보유하고 있는 땅에 대한 '기초 지대ground-rent'(사실 나는 이 개념을 표현하는 데 이보다 더 좋은 용어를 알지 못한다)를 그가 사는 지역사회에 내야 한다. 그리고 앞으로 소개하게 될 기금의 재원은 이 기초 지대에서 나온다.

지금까지 전해져오는 모든 이야기와 사물의 특성으로 미루어 보건대, 토지 소유물이라는 개념은 토지의 경작으로부터 비롯된 것이며, 그 이전에는 토지 소유물과 같은 것이 아예 존재하지도 않았을 것이라고 추론할 수 있다. 인류가 최초로 출현한 초기수렵사회에서는 토지 소유물이라는 개념 자체가 존재할 수 없었을 것이다. 또한 두 번째 단계인 유목시대에도 존재하지 않았을 것이다. 『성경』의 역사 속 인물들만 놓고 보더라도 아브라함, 이삭, 야곱, 욥 가운데 어느 누구도 땅을 소유하고 있지는 않은 듯하다.

그들의 재산은 항상 양떼와 소떼였으며, 그 가축들을 데리고 유목생활을 하며 이리저리 떠돌아다녔다. 그 당시에 그들이 살았던 아라비아라는 건조한 나라에서 우물 사용을 둘러싸고 잦은 분쟁이 일어난 것만 보더라도 토지 소유물이 존재하지 않았음을 알 수 있다. 당시에는 토지가 개인 소유물이라는 어떤 주장도 받아들여지지 않았다.

원래 개인이 토지를 소유한다는 것은 있을 수 없는 일이었다. 인간이 지구를 만들지 않았으며, 설령 그것을 '점유'할 당연한 권리가 개인에게 주어져 있다 하더라도 그가 그것의 어떤 부분도 영구적으로 자신의 재산으로 보유할 권리는 없다. 지구의 창조주 또한 부동산 사무소를 개설하여 최초의 소유권 증서를 발행한 적이 없다. 그렇다면 토지 소유라는 개념은 언제부터 생겨났을까? 앞에서 말한 것처럼 그 개념은 경작이 시작되면서부터 등장했다. 자연상태의 토지 자체에서 나오는 생산물과 그 토지의 경작을 통해 수확한 생산물을 분리하는 것은 사실상 불가능했다.

그 당시 토지 경작을 통해 얻는 가치는 토지 그 자체에서 얻는 자연 생산물의 가치를 흡수하고도 남을 만큼 항상 초과하는 수준이었다. 그러다가 결국에는 토지에 대한 모든 사람의 공동 권리와 개인이 소유한 토지 경작물의 권리가 혼합되

"

그렇다면 토지 소유라는 개념은 언제부터 생겨
났을까? 앞에서 말한 것처럼 그 개념은 경작이
시작되면서부터 등장했다.

"

기에 이르렀다. 그러나 두 가지의 권리는 분명히 다른 부류의 것이며, 지구가 존속하는 한 앞으로도 계속 그럴 것이다.

사물의 근원을 추적해야만 비로소 우리는 그 사물에 대한 올바른 생각을 정립할 수 있고, 그러한 생각을 정립함으로써 우리는 옳고 그름을 구분하는 경계를 발견하여 모든 사람이 제대로 알도록 가르칠 수 있다. 따라서 나는 이 책의 제목을 "토지법Agrarian Law"과 구별하는 의미에서 "토지 분배의 정의 Agrarian Justice"라고 붙였다.

토지 경작을 통해 발전을 거듭해온 농업국가에서 토지법보다 더 부당한 것은 없었을 것이다. 왜냐하면 모든 사람은 자기가 사는 땅의 거주자로서 자연상태에서 당연히 땅의 공동소유자이지만, 토지법에 따르면 모든 사람이 경작된 토지의 공동소유자인 것은 아니기 때문이다. 토지법에 따라 토지 소유권이 인정되면서 토지 경작에서 얻은 부가가치가 그 가치를 창출한 사람이나 그것을 상속받은 사람 또는 그것을 구매한 사람의 소유물이 되고 말았다. 하지만 토지 그 자체는 원래 주인이 없었다. 그러므로 나는 토지 소유권 제도가 도입되면서 자연상태였더라면 응당히 가졌을 공동 소유권을 박탈당한 사람들의 권리를 옹호하고, 그들의 어려운 상황에 대해 관심을 기울임과 동시에, 토지 소유자의 권리 또한 그가 가진 지분에 한해서는 동등하게 보호를 받아야 한다고 생각한다.

토지 경작은 적어도 지금까지 인간의 발명에 의해 이루어진 가장 위대한 자연적 업적 가운데 하나이다. 경작은 창조된 지구에 10배의 가치를 부여했다. 그러나 그로부터 시작된 토지의 독점적 소유는 가장 큰 해악을 낳고 말았다. 토지 독점으로 인해 모든 국가의 주민 절반 이상이 천부적 토지 소유권을 빼앗겼을 뿐만 아니라 마땅히 받아야 했을 손실에 대한 보상조차 받지 못했다. 그 결과 그 이전에는 존재하지 않았던 빈곤하고 비참한 계층이 나타나게 되었다.

이렇게 박탈당한 사람들을 옹호하면서 내가 간곡히 호소하는 것은 그것이 자선이 아니라 권리이기 때문이다. 그러나 이 권리는 처음부터 무시되었으며 줄곧 언급조차 하지 못하다가

하늘이 길을 열어 정치 체제의 혁명[1]이 일어난 후에야 비로소 거론할 수 있게 되었다. 그러므로 우리는 정의에 의해 이루어진 혁명에 경의를 표하고 혁명의 원칙을 축복하면서 이를 세상에 널리 알리도록 해야 할 것이다.

이상과 같이 프랑스혁명이 지닌 장점을 몇 마디로 열거하면서, 이제 내가 제안하고자 하는 구상에 대해 다음과 같이 소개하고자 한다.

1. 국가 펀드를 조성하여 21세가 되는 모든 사람에게 15파운드[2]씩을 지급하여 토지 소유권 제도의 도입으로 인해 잃어버린 자연적 상속권의 일부를 보상해준다.

2. 50세 이상의 모든 사람에게 남은 일생 동안 매년 10파운드씩을 지급한다.

기금 조성 방법

／

나는 경작되지 않은 자연상태의 토지는 '인류의 공동재산'
이었고 앞으로도 그럴 것이라는 원칙을 이미 분명히 밝힌 바
있다. 그 상태에서는 모든 사람이 태어날 때부터 재산을 소유
하고 있었어야 마땅하다. 하지만 경작 및 문명화된 삶과 떼려
야 뗄 수 없는 불가분의 관계에 있는 토지 소유권 제도가 사
람들로부터 그 자연적으로 타고난 재산을 빼앗아 흡수했으면
서도 당연히 보상해야 할 손실을 배상하지 않았다.

그러나 잘못의 책임이 현재의 소유자에게 있는 것은 아니
다. 그들이 정의에 반하는 범죄를 저지르지 않는 한 그들에게
어떤 불만을 표하거나 증거도 없이 혐의를 제기해서는 안 된
다. 잘못은 제도에 있다. 토지법이라는 강제권의 도움을 받아
기존의 세상에 존재하던 것을 보란 듯이 강탈해왔다. 그러나
이 잘못은 세대를 거듭하면서 저절로 개선되도록 할 수 있다.
앞으로 설명하겠지만 이 기금은 현재 소유자의 재산을 축내
거나 훼손하지 않고 설립 첫해부터 또는 그 직후부터 주어진

역할을 충실히 수행할 수 있을 것이다.

이미 언급한 것처럼 이 보상은 부자든 빈자든 상관없이 모든 사람에게 지급될 것이다. 부당한 차별을 막기 위해서는 그렇게 하는 것이 가장 좋은 방법이다. 또한 이 보상은 당연한 권리로서 모든 사람이 태어날 때부터 갖는 자연적 상속을 대신하는 것이기 때문에 모두에게 지급하는 것이 옳은 것이며, 따라서 경작을 통해 후천적으로 자연적 상속 그 이상의 재산을 창출해낸 사람들과 그 재산을 상속받은 사람들까지를 포함하는 것이 맞다. 이들 중에 수당을 받지 않겠다고 하는 사람이 있다면 그것을 공동기금에 쾌척하면 될 것이다.

누구나 자연상태에서 태어났을 경우 오늘날 이른바 문명상태라고 불리는 세상에서 태어난 것보다 더 열악한 조건에 놓이지는 않았을 것이라는 점을 당연하게 여긴다면, 그리고 문명화가 그 본연의 취지에 맞게 모든 사람에게 마땅히 제공해야 할 것을 제공해야 했고 또 앞으로도 그러해야 할 것이라는 점을 당연하게 여긴다면, 공동기금의 조성은 오직 빼앗긴 자연적 상속의 가치에 해당하는 부분만큼을 토지 소유의 가치에서 덜어내야만 가능해질 것이다.

그 부분만큼을 덜어내는 데는 다양한 방법이 사용될 수 있겠지만, 아마도 가장 좋은 방법(이렇게 말하는 이유는 이 방법이 현재의 토지 소유주들을 혼란에 빠지게 하거나 정부와 프랑스혁명의 목적을 이루기 위해 필요한 과세나 공채 발행을 방해하지 않을 뿐만 아니라 부작용은 최소화하면서 효과는 최대화할 수 있으면서도 그러한 공제가 큰 반발 없이 무난히 받아들여질 수 있는 혁명기에 실행되기 때문)은 한 사람이 사망하면서 그가 소유한 재산이 다른 사람에게 상속될 때 이러한 공제를 시행하는 것이다. 이 경우 유산을 남기는 사람은 아무것도 내지 않아도 된다. 그가 당면하게 될 유일한 문제는 결코 그의 권리가 아니었지만 모든 사람의 자연적 상속을 독점하면서 얻게 된 재산이 사라지기 시작한다는 것뿐이다. 하지만 그가 관대한 사람이라면 그런 재산을 지속적으로 소유하기를 원치 않을 것이며, 그가 정의로운 사람이라면 그 문제가 종결되는 것을 보고 크게 기뻐할 것이다.

현재 내 건강 상태가 그리 좋지 않아[3] 확률의 원리에 근거해 충분한 조사를 하고 이를 토대로 매우 정확한 추정을 해내는 작업을 하기는 어렵다. 따라서 내가 이 책에서 제안하는 것은 객관적으로 수집한 정보에 근거한다기보다는 주관적으로 관찰하고 분석한 것들의 결과물이라는 점을 밝힌다. 그러나 그렇다 하더라도 그것은 충분히 사실과 부합될 것이라고 나는 믿는다. 먼저 21세부터 성년으로 인정하기 때문에 왕실과 개인이 소유한 재산을 합친 한 나라의 모든 재산은 항상 그 연령 이상의 사람이 소유하고 있을 것이다. 다음으로 추정에 의존하겠지만 성년 이상의 성인들이 평균적으로 몇 년간 생존하는지 알 필요가 있다. 나는 이 평균 생존 기간을 30년으로 잡겠다.[4] 왜냐하면 21세 이후 40년이나 50년 또는 60년간 생존하는 사람들도 물론 많겠지만, 해마다 그보다 더 빨리 사망하는 사람들도 많기 때문이다.

성년 이후 평균 생존 기간을 30년으로 잡으면 어떤 이유에서든 큰 변수가 생기지 않는 한 그것은 한 국가의 전체 재산이나 자본 또는 그에 상응하는 금액이 한 차례 전체적으로 뒤

바뀌는 평균 기간이 될 것이다. 다시 말해 사망자에게서 새로운 소유자에게 넘어가는 평균 기간이 될 것이다. 이 자본의 일부는 40년, 50년, 또는 60년간 한 사람의 소유로 남아 있는 경우도 많겠지만, 30년이 다 지나가기도 전에 주인이 두세 번 바뀌는 자본도 있을 것이기 때문에 그 기간이 평균 잡아 30년이 될 수 있다고 보는 것이다. 만약 한 나라가 보유한 자본의 절반이 30년 동안 두 번 회전한다면, 그것은 모든 자본이 한 번 회전한 것과 동일한 수준의 기금이라고 볼 수 있기 때문이다.

한 국가의 전체 자본 또는 그에 상응하는 금액의 합계가 한 번 회전하는 데 평균적으로 30년이 걸린다면, 매년 회전하는 자본의 합계는 그 30분의 1이 될 것이다. 다시 말해 그만큼이 사망자에게서 새 소유자에게로 넘어가는 것이다. 따라서 그 합계액을 알 수 있다면, 그리고 거기서 어느 정도의 비율로 산출할지가 결정된다면, 앞에서 이미 언급한 것처럼 내가 제안한 기금의 연간 총액이 얼마인지 알 수 있을 것이다.

재무장관을 겸임하고 있는 영국의 피트Pitt 수상이 영국의 예산(1796년도 영국의 재정계획)이라고 밝힌 담화 내용을 살펴보면, 그 속에는 영국 전체의 자본 총액 추정치가 나와 있다. 그 추정액 자료를 내가 가지고 있으므로 앞으로 설명하는 데 그 자료를 이용할 것이다. 어떤 나라의 기존 자본 총액과 인구를 결합하여 산정을 할 경우 그 수치는 그보다 더 크거나 작은 규모의 자본과 인구를 가진 다른 나라들에도 적용할 수 있는 척도 역할을 할 것이다.

나는 피트 수상이 발표했던 추정액을 가지고 실제로는 그가 프랑스 부르봉 왕가를 일으키려는 무모한 계획을 실행하는 데 사용했던 것과는 달리 얼마나 많은 돈을 낭비하지 않고도 요긴하게 잘 쓸 수 있는지 그에게 보여주고 싶다. 도대체 프랑스 부르봉 왕가와 영국 국민이 무슨 상관이 있단 말인가? 차라리 영국인들에게 빵을 나눠주는 것이 더 나았을 것이다.

피트 수상이 밝힌 영국의 국가 자본 규모는 왕실과 개인을 합쳐 13억 파운드인데, 이는 벨기에를 포함한 프랑스 국가 자본의 약 4분의 1에 해당한다. 양국의 가장 최근 작황 상황을 보면 프랑스 토양이 영국 토양보다 생산성이 더 높은 것으로 입증되었는데, 이는 700만~750만 명의 영국인보다 2,400만~2,500만 명의 프랑스인이 더 잘살 수 있다는 의미이기도 하다.

영국의 자본 13억 파운드를 30으로 나누면 43,333,333파운드인데, 이 금액은 영국에서 해마다 사망자로부터 새 소유자에게로 회전하는 돈일 것이다. 프랑스의 경우에는 영국의 4배인 1억 7,300만 파운드가 해마다 이전될 것이다. 매년 이전되는 43,333,333파운드에는 자연 상속분의 가치도 포함되어 있다. 이 자연 상속에 해당하는 금액은 공정한 정의 차원에서 볼 때 연간 회전기금의 10분의 1보다 적어서도 안 되고 많아서도 안 되는 10분의 1 정도 수준일 것이다.

해마다 사망에 의해 상속되는 재산은 직계상속자인 자녀들에게 일정 부분 제공된 후 나머지 부분이 다른 방계친척에게 전해지는데, 그 비율은 대략 3 대 1 정도가 될 것이다. 다시 말해 43,333,333파운드의 3/4인 약 3,000만 파운드 정도가 직계상속자에게 돌아가고, 나머지 1/4은 먼 친척이나 전혀 연고가 없는 다른 사람들에게 돌아갈 것이다.

　고인이 된 사람은 항상 사회와 관계를 맺고 있다는 점을 고려해볼 때 친척의 촌수가 멀어질수록 친척의 수도 더욱 많아질 것이다. 따라서 직계상속자가 없을 경우에는 사회도 10분의 1 이상의 일정 부분은 상속받을 것이라고 보는 것이 문명화된 사회의 보편적인 통념일 것이다.

　만약 직계상속자가 없을 경우 그다음 상속자의 촌수가 가깝거나 먼 정도에 따라서 사회에 복귀되는 재산의 비율이 5퍼센트에서 10~12퍼센트라면, 43,333,333파운드 중에서 정부가 아니라 사회에 귀속되는 금액(추가로 얻어지는 10퍼센트)은 다음과 같이 산정될 것이다. 즉, 30,000,000파운드의 10퍼센트인 3,000,000파운드와 13,333,333파운드의 10퍼센트인 1,333,333파운드 그리고 추가로 직계상속자가 없을 경우 사회에 귀속되는 10퍼센트인 1,333,333파운드를 더한 2,666,666파운드를 모두 합한 5,666,666파운드가 될 것이다.

이상으로 내가 제안했던 기금의 연간 총액이 나왔으므로, 이제 다음 단계로 이 기금의 수혜자가 얼마나 될지 알아보고 기금이 쓰이게 될 사용처와 비교하면서 설명을 이어나가겠다.

인구(영국의 인구를 말함)가 750만 명을 초과하지 않을 경우 50세 이상 인구는 약 40만 명 정도일 것이다. 하지만 이 연령층 가운데 해마다 10파운드를 수령하는 사람의 수는 40만 명에 미치지 못할 것이다. 왜냐하면 이 기금의 수혜자로 등록되었다 하더라도 한 해 수입이 200~300파운드인 사람들이 그것을 실제로 신청할지 알 수 없기 때문이다. 그러나 부자가 60세 이후에 갑자기 빈자로 전락하는 경우도 종종 있기 때문에 그들이 미지급된 금액을 수령해갈 권리는 항상 존재한다. 따라서 위에서 말한 연간 기금 5,666,666파운드 가운데 400만 파운드가 10파운드씩 40만 명에게 각각 지급될 것이다.

이번에는 매년 21세가 되는 성년들에 관해 말하겠다. 해마다 사망하는 사람들이 모두 21세 이상이라면, 매년 21세가 되는 사람의 수는 매년 사망하는 사람의 수와 같아서 인구수에

변화가 없을 것이다. 그러나 실제로는 21세가 되기 전에 사망하는 사람의 수가 상당히 많기 때문에[5] 해마다 21세가 되는 사람의 수는 평균적으로 볼 때 한 해 사망자 수의 절반도 안 될 것이다.

그럴 경우 영국 인구 750만 명 가운데 해마다 사망하는 사람의 수는 평균 약 220,000명 정도일 것으로 추산된다. 그렇다면 21세가 되는 성년의 수는 10만 명 정도가 될 것이다. 앞에서 언급했던 것과 마찬가지 이유로 그들 모두가 15파운드를 다 수령하지는 않을 것이다. 그들 가운데 10분의 1이 수령하지 않는다고 가정했을 때 지급될 금액은 다음과 같다.

· 연간 기금 : 5,666,666파운드
· 50세 이상 인구 40만 명에게 10파운드씩: 4백만 파운드
· 21세가 된 인구 9만 명에게 15파운드씩: 1,350,000파운드
· 잔액: 316,666파운드

어느 나라든지 생계비를 전혀 벌 수 없는 시각장애인과 보

행장애인들이 일정 비율로 존재한다. 상당수의 시각장애인들이 50세 이상 연령층에 있을 가능성이 상존하기 때문에 그들은 고령층이 받는 기금을 지급받을 것이다. 따라서 남은 잔액 316,666파운드는 50세 이상 연령층에 있는 보행장애인과 시각장애인들에게 1인당 10파운드씩 지급될 것이다.

이제 모든 필요한 계산을 다 마쳤고 내가 제안한 구상의 특징들에 대해 언급했으므로 지금까지 경험한 것을 바탕으로 결론을 내리겠다. 내가 간곡히 호소하고자 하는 것은 자선charity이 아니라 권리right의 차원에서 접근하는 것이다. 베풂이 아니라 정의의 관점에서 접근하자는 것이다. 지금과 같은 문명화의 상태는 불공평할 뿐만 아니라 심지어 혐오스럽기까지하다. 현재의 문명화는 혁명이 필연적으로 내재하고 있어야할 당위론적 가치와 완전히 정반대로 가고 있다. 끊임없이 눈을 찌푸리게 할 정도로 극에 달한 부유함과 궁핍함의 극명한대비는 마치 죽은 자의 몸과 산 자의 몸이 사슬로 함께 묶여있는 듯한 형국이다. 나는 다른 사람들처럼 부자에 대해 별로관심은 없지만, 그들도 선을 행할 수 있는 여지가 있다고 믿

"

내가 간곡히 호소하고자 하는 것은 자선charity이
아니라 권리right의 차원에서 접근하는 것이다.
베풂이 아니라 정의의 관점에서 접근하자는 것
이다.

"

기 때문에 나는 부자들과도 친구 관계이다.

부유함의 결과로 누군가 비참해지는 상황이 발생하지만 않는다면 나는 누가 얼마나 부유해지든 크게 상관하지 않겠다. 하지만 설사 풍요를 즐길 수 있는 능력이 있다고 하더라도 많은 비참함이 뒤섞여 있는 상황에서는 더할 나위 없이 행복하게 그 풍요로움을 즐기기는 어려울 것이다. 비참한 상황들을 목격하고 그것이 암시하는 불쾌한 감정 때문에 질식할 만큼 답답할지는 모르지만 그렇다고 해서 그것이 아예 사라질 수도 없는 것이기에, 제안한 10퍼센트의 가치보다 결국 더 큰 문제점이 발생하고 그로 인해 그 풍요로움으로부터 느낄 수 있는 최고의 행복감이 잠식당할 것이다. 이 비참함을 없애기 위해 자기가 가진 재산의 10퍼센트를 내놓지 않으려는 사람은 자비라고는 아예 없는 사람이며, 심지어 자기 자신에게조차 자비롭지 못한 사람일 것이다.

어떤 나라든지 개인이 설립한 큰 규모의 자선단체들이 있다. 그러나 구제해야 할 빈곤함의 정도가 매우 클 경우 개인이 할 수 있는 일은 사실상 작은 부분에 지나지 않는다. 그 기부자는 양심은 만족시킬지 모르나 마음까지 만족시키지는 못할 것이다. 설사 그가 가진 모든 것을 기부한다 할지라도 그것이 빈곤을 구제하는 데 다소 도움이 되기야 하겠지만 그것이 지니는 영향력의 정도는 매우 작은 부분에 불과할 것이다. 전체적인 빈곤함을 일시에 제거하려면 문명화된 사회가 마치 도르래의 원리를 이용하듯이 주어진 원칙에 따라 조직적으로 작동하도록 해야 한다.

이 책에서 제안하는 구상이 실행되면 모두에게 도움이 될 것이다. 먼저 시각장애인과 보행장애인 그리고 노년 빈곤층 등 세 부류의 비참한 사람들이 즉시 구제를 받아 궁핍한 상태에서 벗어날 것이다. 다음으로 21세가 되는 자라나는 청년 세대는 이 기금의 도움으로 가난에 빠질 위험에서 벗어나게 될 것이다. 그리고 이것은 어떤 다른 국가 차원의 정책들에 혼선을 초래하거나 방해하지 않고도 얼마든지 시행이 가능하다.

이것이 실제로 그렇게 될 것인지 확인하려면 내 구상의 운

영과 효과가 마치 모든 개인이 자발적으로 유언장을 작성하여 이 책에서 내가 제안한 방식으로 재산을 처분하는 것과 동일한 것이라는 사실을 관찰하는 것만으로도 충분하다.

그러나 내 구상의 기본 원칙은 정의이지 자선이 아니다. 모든 커다란 역사적 사건들 이면에는 자선보다 훨씬 더 보편적으로 작동하는 원칙이 반드시 있다. 또한 정의라는 차원에서 볼 때 각기 다른 개인들이 정의를 실천할지 안 할지 선택하도록 맡겨두어서는 안 된다. 그러므로 정의에 입각해서 볼 때 이 구상은 프랑스혁명의 원칙으로부터 자발적으로 태동하는 모든 사람의 행동이 되어야 한다. 또한 프랑스혁명의 정신은 전 국민의 것이어야지 개인의 것이 되면 안 된다.

이러한 원칙을 기반으로 하여 세운 계획은 정의의 근저에서 뿜어져 나오는 에너지의 힘으로 프랑스혁명에 도움이 될 것이다. 또한 이 계획은 국가의 자원을 늘려줄 것이다. 왜냐하면 재산은 식물이 자라나는 방식으로 증식되기 때문이다. 가령 젊은 부부가 새로운 가정을 꾸릴 때 아무것도 없이 시작하는 것과 각자 15파운드씩을 가지고 시작하는 것은 엄청나게 큰 차이가 있다. 이런 도움을 받으면 그들은 암소 한 마리와 몇 에이커의 땅을 경작할 도구를 살 수 있을 것이다. 그렇게 되면 먹일 수 있는 식량보다 아이들이 더 많이 태어나는 곳에서 항상 그렇듯이 그들은 사회에 부담이 되는 게 아니라 유용하고 유익한 시민이 되는 길로 들어설 것이다. 소규모로 경작할 수 있도록 금전적 지원이 제공된다면 국가의 영토 또한 더 잘 팔릴 것이다.

사람들이 가난해지고 비참해질 때에만 그들을 돕는 규정을 만드는 것이 부당하게도 문명화라는 이름으로 자행되어온 것이 관행이었다. (그런 관행은 자선이라거나 정책이라고 불러서도 안 된다.) 경제의 관점에서 보더라도 그들이 빈곤에 빠지기 전에 미리 예방하는 수단을 강구하는 것이 훨씬 더 나은 일이 아니겠는가? 이것은 누구나 21세가 되었을 때 사회출발자금을 지급함으로써 가장 잘 해결할 수 있을 것이다.

극과 극의 풍요와 결핍으로 얼룩진 사회의 험상궂은 얼굴은 이 사회에 엄청난 폭력이 자행되어왔으며 이제 정의가 다시 바로 서야 한다는 것을 말해주는 증거임에 틀림없다. 많은 나라에서 가난한 사람들의 대다수는 빈곤을 대물림하는 계층이 되었고, 그들이 스스로 그 상태를 벗어나기란 거의 불가능하다. 이런 빈곤층이 문명국이라고 불리는 모든 나라에서 증가하고 있다는 사실을 간과해서는 안 된다. 해마다 빈곤층에 빠지는 사람이 거기서 벗어나는 사람보다 더 증가하고 있기 때문이다.

정의와 인간애를 근본 원칙으로 삼는 계획을 시행하면서 경제적 이익을 따지는 것은 안 되겠지만, 그래도 어떤 계획을 수립할 때는 그것이 수익성 측면에서 보더라도 유리하다는 것을 보여줄 필요가 있다. 왜냐하면 전 국민을 염두에 두고 세운 계획의 성공 여부는 결국 그 원칙이 얼마나 정의와 부합되며 그것을 지지하는 사람들이 얼마나 많으냐에 달려 있기 때문이다.

이 책에서 제안하는 구상은 누구에게도 손해를 끼치지 않으면서 모두에게 도움이 될 것이다. 이 구상은 국가의 이익과 개인의 이익을 다 같이 증가시켜줄 것이다. 경작된 토지 소유물이라는 제도 때문에 자연적 유산을 빼앗긴 다수의 계층에게 이 구상은 국가적 정의를 실현하는 계획이 될 것이다. 어느 정도의 재산을 가진 채 사망한 사람의 경우, 이 구상은 톤티Tonti식 연금[6]을 그 자녀에게 물려주는 것과 같기 때문에, 다른 어떤 펀드에 투자하는 것보다 더 많은 이득을 제공해줄 것이다. 그리고 이 계획은 부자들이 재산을 축적하는 과정에서 오늘날 존립 기반이 흔들리고 있는 유럽의 어떤 구체제 정부도 제공할 수 없는 수준의 안전을 제공해줄 것이다.

유럽의 어느 나라든지 가장이 사망할 경우 남겨지는 순 재산이 500파운드인 가계는 10가구 가운데 1가구도 안 될 것이라고 나는 생각한다. 순 자산이 500파운드인 모든 가계도 이 계획의 혜택을 볼 것이다. 왜냐하면 500파운드의 순 재산 가운데 기금에 들어갈 돈은 50파운드이지만, 만약 21세 미만 자녀가 2명만 있더라도 나중에 21세가 되면 각각 15파운드(둘이 합쳐 30파운드)씩을 받게 되고, 50세 이후에는 각자 해마다 10

파운드씩을 받을 수 있기 때문이다.

이 기금의 자립 기반은 과도하게 많은 재산을 취득하고 있는 사람들로부터 나온다. 영국에서 그런 재산을 소유한 사람들은 자기 재산 가운데 10분의 9는 보호를 받아 이득이 된다 하더라도 이 구상에 반대할 것이다. 그러나 그들이 어떻게 그런 재산을 모으게 되었는지 물어볼 필요도 없이, 그들이 이 전쟁[7]에 찬성했던 당사자들이었으며, 피트 수상이 영국민들에게 해마다 세금을 더 징수하여 프랑스혁명 세력에 대항하는 오스트리아와 부르봉 왕가의 독재를 지원했다는 사실을 상기시키는 것만으로도 충분하다. 그들이 더 낸 세금은 이 구상을 실행하는 데 들어갈 돈을 모두 합친 것보다 더 많았다.

나는 내 구상에서 언급했던 경작된 토지 재산뿐만 아니라 개인적 재산에 대해서도 생각해보았다. 토지에 관해 고찰한 이유는 이미 설명한 바 있으며, 개인 재산을 고려하게 된 이유도 비록 접근방식은 다르지만 이미 설명한 바 있다. 전에도 말했지만 토지는 창조주께서 인류 모두에게 무상으로 준 선물이다. 개인의 재산은 사회가 인위적으로 만들어준 것이다. 개인이 태초에 토지를 만들어내는 것이 불가능한 것처럼 개인이 사회의 도움 없이 개인의 재산을 획득하는 일도 불가능한 것이다.

어떤 한 개인을 사회로부터 격리시킨 다음 그에게 섬이나 대륙을 소유하게 한다고 해도 그는 개인 재산을 취득할 수 없다. 그는 부자가 될 수 없다. 목적과 수단은 서로 불가분의 관계에 있기 때문에 목적이 존재하지 않으면 수단도 존재할 수 없다. 그러므로 본인 스스로의 노력으로 얻은 것 이상의 모든 재산 축적은 그가 사회생활을 했기 때문에 얻게 된 것이다. 결국 그는 정의와 감사와 문명의 모든 원칙에 따라 그가 축적한 재산의 일정 부분을 그 모든 재산이 나올 수 있었던 사회에 되돌려주어야 한다.

이것은 현상을 일반론적인 원칙에서 바라본 것이며, 어쩌면 그렇게 하는 것이 최선일지 모른다. 왜냐하면 사회 현상을 하나하나 자세히 살펴보면 대다수의 경우에 개인의 재산 축적은 그것을 생산한 노동자들에게 너무 적은 몫을 지불한 결과라는 사실이 밝혀질 것이기 때문이다. 그 결과 노동자들은 나이들어 죽고 고용주는 더욱더 풍요로워지는 것이다.

어쩌면 노동의 가격과 노동이 만들어낸 수익의 비율을 정확히 산정하기란 불가능할지 모른다. 또한 노동자의 임금이 날마다 늘어난다 하더라도 그는 노후를 대비해서 저축할 능력이 없을뿐더러 노후 이전에도 그 돈을 잘 쓰지 못할 것이라고 말하면서 누군가 그것을 불의를 정당화하는 구실로 삼을지 모른다. 그렇다면 사회가 회계담당자가 되어 노동자의 임금을 공공기금의 형태로 관리해주면 될 것이다. 왜냐하면 노동자가 자신의 임금을 잘 사용하지 못한다고 해서 다른 사람이 그것을 가져가도 된다는 생각이야말로 터무니없기 때문이다.

유럽 전역에 널리 만연한 현재와 같은 문명 상태는 원칙에서도 부당한 것일 뿐만 아니라 결과에서도 끔찍한 것이다. 재산이 많은 부자들이 혁명이 담고 있는 정신들을 두려워하는 것은 바로 그들이 이러한 사실을 의식하고 있기 때문이며, 일단 유럽 어느 나라에서든 조사가 시작되면 그런 부당한 문명

상태는 더 이상 지속될 수 없다는 사실을 우려하고 있기 때문이다. 부자들이 더 큰 부를 축적하지 못하도록 지연시키는 것은 혁명이 초래할 이러한 위험 때문이지 혁명에 담긴 원칙 때문이 아니다. 상황이 이렇기 때문에 정의와 인류애 차원에서뿐만 아니라 사유재산을 보호하기 위한 차원에서라도, 한편으로는 사람들이 비참한 상황에 빠지지 않도록 보호하고 다른 한편으로는 재산의 가치가 하락하지 않도록 보장해줄 제도가 필요한 것이다.

이전까지만 해도 풍요로움에 대해서 미신적 경외심과 노예가 될 정도로 지나친 숭배를 하던 경향이 모든 나라에서 사라지고 있으며, 이로 인해 부자들이 재난 상황에 빠져 허우적대고 있다. 부와 영광이 다수를 매료시키고 존경심을 이끌어내는 것이 아니라 혐오감을 불러일으킬 때 그와 같은 부와 영광은 비참함에 대한 모욕으로 간주된다. 화려한 겉모습으로 인해 부가 마땅히 누려야 할 권리에 의문이 제기될 때 부자는 비판에 직면하게 되며, 그가 안전을 도모할 수 있는 유일한 길은 정의의 시스템 안에 있을 때뿐이다.

"

한 개인이 더 많은 부를 획득할수록 그것이 일
반 대중에게도 그만큼 더 좋은 일이 될 때, 비로
소 부자에 대한 반감이 멈추고 부자의 재산도
지속적으로 국가의 이익과 부합하며 보호를 받
게 될 것이다.

"

그러한 위험을 제거하기 위해서는 반감을 없애는 일이 필요한데, 이는 부가 온 국민의 축복이 되어 모든 개개인에게 퍼져 나가도록 할 때만 가능하다. 다른 사람들보다 더 많은 부를 축적한 사람의 재산이 늘어나는 것과 비례해서 국가 기금이 늘어날 때, 개인이 융성해질수록 기금도 융성해짐을 보게 될 때, 그리고 한 개인이 더 많은 부를 획득할수록 그것이 일반 대중에게도 그만큼 더 좋은 일이 될 때, 비로소 부자에 대한 반감이 멈추고 부자의 재산도 지속적으로 국가의 이익과 부합하며 보호를 받게 될 것이다.

내가 제안한 구상을 실현하는 데 도움이 될 만한 재산을 프랑스에는 가지고 있지 않다. 많지는 않지만 내가 가진 재산은 모두 미국에 있다.[8] 그러나 이 기금의 설립이 확정되는 순간 나는 프랑스를 위해 100파운드를 내놓겠다. 또한 비슷한 기금이 영국에서 설립될 때도 똑같은 금액을 내놓겠다.

문명화된 상태에서 일어나는 혁명은 필연적으로 정부 시스템의 혁명을 동반하게 된다. 어떤 나라에서 일어나는 혁명이,

나쁜 상황에서 좋은 상황으로 발전하든 좋은 상황에서 나쁜 상황으로 발전하든, 그 나라에서 진행되는 이른바 문명화의 상태는 혁명의 결과와 같은 방향으로 나타나게 될 것이다.

전제적인 정부는 비굴한 문명으로 체제를 유지해나간다. 그 주된 판단 기준은 인간의 정신이 얼마나 타락하고 다수의 대중이 얼마나 비참한 상황에 놓이게 되는가이다. 전제 정부는 인간을 그저 동물 정도로 취급하고, 지적 능력을 발현하는 것을 인간의 특권으로 여기지도 않으며, 인간은 무조건 법에 복종해야만 하는 존재일 뿐이라고 생각한다. 게다가 그러한 정부는 가난으로 인해 절망한 나머지 분노를 일으키지나 않을까 두려워하기보다는 가난으로 인해 인간의 영혼이 파괴되도록 정치적으로 이용한다.

현재의 문명 상태를 개혁하는 것이야말로 프랑스혁명을 완성하는 핵심이 될 것이다. 이미 대의제 정부가 진정한 정부 체제라는 확신이 전 세계로 빠르게 퍼져 나가고 있다. 대의제 정부가 얼마나 합리적인지는 모든 분야에서 보게 될 것이다.

그것의 공정성은 반대자들조차 그렇게 느끼도록 할 것이다. 그러나 어떤 문명 체제(대의제 정부 체제에서 성장한 문명을 말함)가 체계화되어 공화제에서 태어났지만 본격적으로 세상에 나갈 때 어떤 유산도 물려받지 못하게 될 모든 남녀가 다른 정부 체제하에 있었더라면 노년기에 맞이하게 될 빈곤에서 탈출하는 어떤 확실한 구제 수단을 보게 될 때, 프랑스혁명은 모든 나라의 마음속에서 지지자와 동맹자를 얻게 될 것이다.

원칙이라는 군대는 군인들로 이루어진 군대도 뚫고 들어가지 못하는 곳도 뚫어버릴 것이며, 외교적 노력으로 성공하지 못하는 곳에서도 성공할 것이다. 라인 강도, 영국해협도, 대서양도, 원칙으로 무장한 군대의 전진을 막지는 못할 것이다. 원칙이라는 군대는 세상의 지평선을 향해 진군하여 마침내 승리하고 말 것이다.

본 구상의 실행 및 공익 증진 방안

/

1. 각 지역별로 지역 의회에서 3명의 위원을 선출하며, 이 위원들은 본 구상을 실행하기 위해 법률로 제정할 헌장에 따라 해당 지역에서 발생하는 모든 사안들을 인지하고 등록하는 역할을 맡는다.

2. 고인의 재산이 얼마인지 파악할 수 있도록 법으로 규정해야 한다.

3. 고인의 재산이 얼마인지 확인되면 법적으로 성년자일 경우 주요 상속인 또는 공동상속인 가운데 최고 연장자가, 또는 법적으로 미성년자일 경우 고인의 유언에 따라 권한을 위임받은 사람이, 유언장에 밝힌 상속재산의 10분의 1을 1년 이내에 분기마다 동일한 금액씩 4회에 걸쳐 납부자가 선택한 날짜에 지불할 것을 약속하는 증서를 해당 지역 위원에게 제공해야 한다. 또한 전 재산의 절반은 완납할 때까지 담보로 잡아두어야 한다.

4. 이 증서는 해당 지역 위원의 사무소에 등록하고 원본은 파리에 있는 국립은행에 보관해두어야 한다. 국립은행은 매 분기마다 보유하고 있는 증서의 금액을 모두 공개하고, 그 가운데 바로 이전 분기 동안 납부된 금액이 얼마인지도 밝혀야 한다.

5. 국립은행은 보유하고 있는 증서를 담보로 은행권 화폐를 발행할 것이다. 그렇게 발행된 은행권 화폐는 노인 연금과 21세가 된 사람들의 사회출발자금을 지급하는 데 쓰일 것이다. 충분히 합리적이고 가능성 있는 예측을 하자면 그 돈이 즉시 필요하지 않은 사람들은 기금이 보다 여력을 갖출 때까지 자신들의 기금 인출권을 행사하지 않을 것이다. 이런 경우에는 적어도 이번 전쟁[9] 동안만이라도 각 지역별로 인출권 행사를 연기한 사람들의 이름을 명예 차원에서 등록해줄 것을 제안한다.

6. 재산 상속인은 분기마다 한 번씩 또는 본인이 희망할 경우 그보다 더 일찍 4회에 걸쳐 증서를 상환해야 하기 때문

에, 1분기가 경과하고 나면 은행권과 교환할 계산화폐計算貨幣, numéraire[10]가 항상 은행에 도착해 있을 것이다.

7. 이와 같이 유통된 은행권은 발행하는 증서보다 4배 이상 더 많은 실제 재산을 담보로 했기 때문에 모든 가능한 담보 중에서도 최고의 담보를 잡게 된다. 또한 이 은행권은 제시될 때마다 교환하거나 갚기 위해 계속해서 도착하는 계산화폐와 함께 프랑스 공화국 어디에서든 영속적 가치를 획득하게 될 것이다. 그러므로 은행권은 프랑스 정부가 은행에서 항상 계산화폐를 받을 수 있기 때문에 세금 납부용 또는 계산화폐와 동일한 용도로 받을 수 있다.

8. 이 구상이 시행된 첫해에 재산 상속인은 납부해야 하는 10퍼센트의 금액을 계산화폐로 내도록 할 필요가 있다. 그러나 첫해가 지나면 재산 상속인은 그 10퍼센트를 기금에서 발행하는 은행권이나 계산화폐 어느 것으로든 납부할 수 있다.

만약 계산화폐로 납부를 할 경우 그것은 은행에 예치된 후 그 금액만큼의 은행권과 교환될 수 있다. 그리고 기금에서 발행되는 은행권으로 납부할 경우 그만큼의 기금 수요를 일으킬 것이다. 이렇게 해서 이 구상이 일단 시행에 들어가면 시행에 필요한 모든 수단들이 마련되기 시작할 것이다.

토머스 페인

토머스 페인과 기본소득

정균승

자연은 선물이다

/

지구는 누구의 것인가? 땅은 누구의 것이며, 바다는 누구의 것인가? 천연자원을 비롯하여 지구상에 존재하는 모든 자원과 자연환경은 특정 개인의 것이 아니라 우리 모두의 것이다. 그것은 우리가 태어나기 전부터 이미 존재하고 있었으며, 우리는 일생 동안 이 지구에 잠시 세 들어 살다가 떠나는 수많은 피조물 중 하나일 뿐이다.

땅을 경작한 사람은 개간을 통해 땅의 가치를 높였을 뿐이지 땅 자체를 만든 것은 아니다. 땅에 건물을 지은 사람은 노

동과 자본을 투자하여 새로운 가치를 창출한 것이지 땅을 창
조한 것은 아니다. 그 땅은 태초부터 자연적으로 존재하고 있
었으며, 다만 거기에 인간이 인공적인 힘을 가미해 가치를 증
가시킨 것이다.

따라서 원래 있던 땅을 개발하여 그로부터 수익을 창출했
을 경우, 개발자가 그 수익을 독식하는 것은 온당하지 않다.
적어도 그 수익의 일부는 공동체 구성원 모두의 몫으로 돌려
주어야 마땅하다. 이것은 오늘날 자본주의 사회에서 땅이나
건물과 같은 부동산을 소유하지 못한 사람들이 생떼를 부리
는 것이 아니며, 개발자의 노력과 결실을 부정하는 것도 아니
다. 단지 조물주가 만인에게 '선물로 준 자연nature as a gift'을 특
정한 개인들이 배타적으로 독차지하는 것은 다른 사람들이
그 땅을 이용할 권리를 빼앗은 것이므로 정의롭지 못하고 불
공평하며 보상이 따라야 마땅하다.

이미 230여 년 전에 이러한 주장을 담은 책이 있다. 1797년
에 토머스 페인이 쓴 팸플릿 형태의 소책자 『토지 분배의 정
의Agrarian Justice』[1]가 바로 그 책이다. 이 책자는 내용은 아주 짧
지만 핵심은 매우 깊은 걸작이다. 또한 페인이 『상식Common

Sense』을 비롯하여 생전에 저술한 다수의 책과 논문 가운데 마지막 저작물이기도 하다. 『상식』이 미국 독립전쟁의 촉진제였다면, 『토지 분배의 정의』는 민중의 고통을 덜어주는 치유제였다.

페인의 주장을 간략히 요약하자면 지구는 인류가 다 함께 이용해야 하는 공유 재산이기 때문에 만일 특정한 일부(토지소유계급)가 독점하고 있다면 그들이 나머지 사람들에게 당연히 보상을 해주어야 한다는 것이다.[2] 페인은 토지 소유자들에게 과세를 하여 노인과 장애인들에게는 연금의 형태로, 그리고 21세가 되는 모든 청춘 남녀들에게는 '씨앗 자본'의 형태로, 공동체의 일부 시민들에게 기금을 배분할 것을 제안했다. 이것은 시혜나 자선을 베푸는 것이 아니라 모든 인간이 조물주로부터 천부적으로 물려받은 자연상속권을 빼앗긴 것에 대한 대가로 받는 정당한 '권리에 대한 보상'이라는 것이다.

페인의 주장을 간추리면 이러하다. 세상에는 두 가지 종류의 재산이 있다. 첫 번째는 자연적 재산natural property인데, 이는 지구나 공기, 물과 같이 창조주로부터 온 것이다. 두 번째는 인공적 재산 또는 획득한 재산artificial or acquired property으로서, 이

"

페인의 주장을 간략히 요약하자면 지구는 인류
가 다 함께 이용해야 하는 공유 재산이기 때문
에 만일 특정한 일부(토지소유계급)가 독점하고
있다면 그들이 나머지 사람들에게 당연히 보상
을 해주어야 한다는 것이다.

"

는 인간이 개간한 것이다. 페인에 의하면 인공적 재산의 경우엔 사람마다 타고난 재능이 다르고 각자의 노력도 다르기 때문에 평등성을 기대하기란 처음부터 불가능하다는 것이다. 그러나 자연적 재산의 경우엔 평등성이 가능할뿐더러 일정한 몫을 모두에게 배분하는 것이 정당하다고 본다. 따라서 개간한 토지의 모든 소유주들은 그들이 보유한 토지에 대한 '기초지대ground-rent'를 공동체의 모든 구성원들에게 빚지고 있다는 주장이다.

그의 주장은 매우 참신한 것이다. 이는 오늘날까지도 가장 뜨거운 논쟁의 한복판에 있는 '공유부 배당common wealth dividends'에 관한 사실상 최초의 언급이었으며, 이후 기본소득 주창자들이 자주 인용하곤 하는 화두이기도 하다. 페인은 기본소득의 원천이 토지 지대로부터 나와야 한다고 주장했고, 모두가 똑같이 누려야 할 토지권이 박탈된 것에 따른 당연한 보상이므로 부자든 빈자든 상관없이 누구나 기본소득을 받아야 한다는 입장이었다. 여기서 우리는 기본소득에 내재되어 있는 두 가지 특징을 발견할 수 있다. 하나는 기본소득의 재원은 공유부로부터 나온다는 것이며, 다른 하나는 기본소득은 누구도 예외 없이(무조건성) 사회 구성원 모두에게(보편성) 개별적으로(개별성) 배당되어야 한다는 것이다.

공유부의 기원과 역사

／

앞에서 공유부 개념을 '사실상 최초'로 언급한 인물이 토머스 페인이었다는 것은 그전에도 그와 유사한 언급이 있었음을 암시하고 있다. 공유부 개념의 원저작권자는 역사를 한참 거슬러 올라가 기원전 1세기 고대 로마의 철학자 겸 정치가였던 마르쿠스 키케로Marcus Cicero였다. 키케로는 인류가 원래 누렸던 공동 소유권은 명시적 의미에서의 재산 공유가 아니며, 지구와 거기서 나오는 모든 생산물은 아무도 독점적으로 소유할 수는 없지만 점유할 수는 있다는 암묵적 의미에서의 재산 공유라고 가정했다. 키케로의 암묵적 의미에서의 재산 공유 개념을 계승한 인물이 17세기 네덜란드의 정치가 겸 법학자였던 휴고 그로티우스Hugo Grotius이다. 그로티우스는 "극장이 공공장소이긴 하지만, 어떤 사람이 앉아있는 자리는 그의 자

리라고 말하는 것이 옳다"라는 키케로의 비유를 빌려 암묵적 의미에서의 재산 공유를 설명했다.[3]

한편 중세시대의 유명한 철학자 토머스 아퀴나스Thomas Aquinas는 본래 자연법에 따르면 자연의 모든 것은 인류 공동의 것이며 누구도 사적 소유권을 가질 수 없지만, 인간의 합의에 따라 소유 형태가 달라질 수 있다는 입장을 취했다. 아퀴나스는 자연법의 영역을 확대해석해 사적 소유권을 자연법의 범주에 포함시켰다. 하지만 그는 "사유재산에 따르는 책무가 소홀히 될 경우 빈민층을 도와야 한다는 자연적 권리는 더욱 명확하고 강력해져서 빈자들이 기근에 직면했는데도 그들의 필요를 충족시킬 다른 수단이 없을 때 필요할 경우 '공공연히 또는 남몰래 다른 사람들의 재물을 취할' 수도 있으며, 이것은 엄밀히 말해서 사기나 강도 행위가 아니다"라고 강조했다.[4] 그의 논조에 따르면 빵을 훔친 죄로 무려 19년간 감옥살이를 한 장발장은 무죄 선고를 받아 마땅하며, 배고파 먹을 것을 훔치는 현대판 장발장들도 처벌받지 않을 것이다.

오늘날까지 재산의 개념에 지속적인 영향력을 행사하고 있는 또 한 사람의 17세기 사상가는 존 로크John Locke이다. 로크는 신은 인간에게 암묵적 재산 공유의 의미로 지구를 부여했다고 주장했다. 그러므로 공유는 반드시 필요한 것이 아니라 개인이 본래 누구의 것도 아닌 것을 자유롭게 가져갈 수 있게 하는 것이라고 로크는 믿었다. 그렇지만 로크는 사유재산이 있는 사람들은 가난한 사람들이 굶지 않도록 해야 할 의무가 있다고 강조했다. 그는 이것을 정의가 아니라 자선이라고 부른다. '정의'는 정직한 근면성의 산물인 반면, '자선'은 다른 방법으로는 생계를 연명해나갈 다른 수단이 없을 경우 극단적인 궁핍으로부터 그를 지켜줄 다른 사람들의 박애로부터 나온다는 것이 로크의 주장이다.[5]

그러나 우리는 마치 인클로저encloser처럼 개인이 공유 재산의 일부를 사유재산으로 울타리를 치고 '점유'하는 것은 굳이 동의를 구할 필요가 없다고 말하면서도 취할 수 있는 재산의 범위에 제한을 두어야 한다는 로크의 주장에서 그의 이중성을 발견할 수 있다. 즉, 사유재산에 대하여 현실적으로는 인정하면서도 도덕적으로는 엄격한 제약을 둠으로써 일종의 면죄부를 발매하는 것이다. 사유재산을 가진 사람들은 그렇지 않은 사람들이 비참한 가난 상태에 빠지지 않도록 할 사회적 의무를 지니며, 이는 정의의 관점이 아니라 시혜의 관점에서 바라보아야 한다는 것이다.

여기서 우리는 사유재산에 대한 페인과 로크의 극명한 차이를 보게 된다. 페인은 토지의 사적 소유에 대해 그저 두루뭉술하게 넘어가지 않고 토지 소유주들이 빼앗긴 사람들에게 어떤 빚을 지고 있는지 구체적으로 언급한다. 그것이 바로 '보상compensation'이라는 표현이며, 특히 이때의 보상은 '자선'이나 '시혜'의 차원이 아니라 당연한 '권리'와 '정의'의 차원에서 이루어져야 한다고 분명하게 밝히고 있는 것이다. 페인이 말하는 보상의 의미는 기근과 고난의 시기뿐만 아니라 항상 보편적으로 적용되어야 하며, 빼앗긴 사람들을 비참한 가난 상태에서 구해낼 것을 약속하는 것이다.[6] 보상은 너그러움의 발로가 아니라 권리의 시각에서 접근해야 한다는 것이다.

페인이 아퀴나스나 그로티우스나 로크와 분명하게 다른 점은 자신의 주장이 무엇보다도 정의의 문제임을 강조하고 있다는 것이다. 『토지 분배의 정의』라는 제목에서도 알 수 있는 것처럼 페인은 토지 정의를 일부 토지 소유자들의 '토지 독점'에 반대하는 것임을 분명히 밝히고 있다. 책에서 페인은 "토지 독점으로 인해 모든 국가의 주민 절반 이상이 천부적 토지 소유권을 빼앗겼을 뿐만 아니라 마땅히 받아야 했을 손실에 대한 보상조차 받지 못했고, 그 결과 그 이전에는 존재하지 않았던 빈곤하고 비참한 계층이 나타나게 되었다"라고 언급하고 있다. 그러면서 그는 본의 아니게 권리를 박탈당한 사람들을 옹호하면서 그들에 대한 보상은 어디까지나 정의의 원칙에 입각하여 이루어져야 함을 간곡히 호소하고 있다.

그뿐만 아니라 페인은 "부와 영광이 존경심을 이끌어내는 것이 아니라 혐오감을 불러일으킬 때 그와 같은 부와 영광은 비참함에 대한 모욕으로 간주된다"면서, "화려한 겉모습으로 인해 부가 마땅히 누려야 할 권리에 의문이 제기될 때 부자는 비판에 직면하게 되며, 그가 안전을 도모할 수 있는 유일한 길은 정의의 시스템 안에 있을 때뿐"이라고 강조한다. 더불어 "그러한 위험을 제거하기 위해서는 반감을 없애는 일이 필요하다"면서, "한 개인이 더 많은 부를 획득할수록 그것이 일반 대중에게도 그만큼 더 좋은 일이 될 때, 비로소 부자에 대한 반감이 멈춰지고 부자의 재산도 지속적으로 국가의 이익과 부합하며 보호를 받게 될 것"이라고 역설한다.

"

보상은 너그러움의 발로가 아니라 권리의 시각
에서 접근해야 한다는 것이다.

"

한마디로 말해서 토지는 인류 모두의 자연적 재산이므로 개간한 사람이 인공적 재산을 가져간다고 하더라도 자연적 재산에 근거하여 모든 인류에게 토지 공유부의 일부를 분배받을 권리가 있다는 것이 페인의 주장이다. 그러므로 토머스 페인은 오늘날 점점 많은 사람들의 흥미와 관심을 끌고 있는 공유부 배당의 원조라고 할 수 있다. 또한 공유부로부터 '국가 기금national fund'을 조성하여 무조건적이고, 보편적이며, 개별적으로 정기적인 기본소득을 전 국민에게 지급해야 한다는 사회적 당위성에 통찰력을 제공해주고 있다.

페인 관련 뒷이야기들

/

페인이 어떻게 해서 『토지 분배의 정의』를 쓰게 되었는지 그에 얽힌 이야기를 풀어보기로 하자. 이제까지 알려진 페인의 대표 저작물은 1776년에 출간한 『상식』이다. 공식적인 자료는 없으나 10만 부에서 50만 부까지 팔렸다고 하는 이 책은 인지세법과 보스턴 차 사건으로 영국과 식민지 미국의 관계가 최악으로 치닫고 있던 차에 영국으로부터 아예 분리 독립을 하는 것이 '상식'임을 천명한, 당시로서는 가히 혁명적인 책이었다.

미국 독립전쟁에 크게 기여한 대가로 페인은 뉴욕 주로부터 작은 농장을 하사받았다. 그 무렵 그는 토목공학에도 조예가 깊어 자신이 직접 설계한 철교를 통해 필라델피아를 흐르는 스쿨킬 강Schuylkill River을 건너 유럽을 여행했다. 특히 그는 이때 프랑스와 영국을 왕래하면서 두 나라의 정치에 관여했다. 프랑스에서 프랑스혁명이 발발하자 페인은 1791년 『인간의 권리』를 펴내면서 왕정 체제가 아닌 공화정 국가를 건설하는 데 주도적인 역할을 수행했다. 또한 영국에서는 1792년 출간한 『인간의 권리』 2부를 통해 영국의 군주제를 신랄하게 비판했다. 이에 영국 정부는 그를 국외로 추방하고 궐석 재판을 통해 교수형을 선고했다.

프랑스로 망명한 페인은 프랑스 국민공회 소속 의원이 되었다. 거기서 그는 헌법 초안 위원회의 위원으로 활동했으며, 프랑스를 탈출하려다 체포된 루이 16세의 목숨을 살려줄 것을 조언했으나, 결국 루이 16세는 근소한 표 차이로 사형 선고를 받고 단두대의 이슬로 사라졌다. 당시 프랑스 의회는 서로 앙숙 관계에 있는 자코뱅당과 지롱드당으로 양분되어 있었는데, 자코뱅당이 우위를 점하여 라이벌 관계인 지롱드당 소속 당원들을 재판에 넘겨 처형하기를 서슴치 않았다. 페인은 자리에서 물러나 파리 외곽의 한 호텔에 머물고 있었으나 결국 체포되어 룩셈부르크 감옥에 10개월간 수감되는 신세가 되었다.

그 감옥에서 페인은 발진티푸스에 걸려 더 큰 감방으로 옮겨졌고, 거기서 세 명의 벨기에 수감자들의 간호를 받았다. 운이 좋았던 것인지, 그들이 지혜가 있었던 덕분이었는지, 아니면 교도관들의 협조가 있었던 것인지 알 수 없지만, 여하튼 그들 네 명은 가까스로 사형을 면했다. 1794년 7월 25일 아침, 수용자 4명이 모두 처형될 것임을 알리기 위해 감방문에 '4'라는 글자가 표시되어 있었다. 그러나 그 표시는 감방 문의 안쪽을 향하고 있었다. 왜냐하면 세 명의 벨기에 출신 수감자들이 반절 의식을 잃고 있는 페인에게 신선한 공기라도 마실 수 있게 낮 동안만이라도 문을 열어두도록 간수들을 설득했기 때문이었다. 저녁이 되자 문이 닫히고 정말 운 좋게도 밖에서 봤을 때 '4'라는 표시가 가려져 그들 네 명을 지나쳤다.[7] 며칠 뒤에 당국은 오류가 있었음을 발견했지만 그 사이에 자코뱅 당이 실권하면서 처형도 중단되었다.

그로부터 얼마 지나지 않아 제임스 먼로James Monroe가 프랑스 주재 미국 대사로 부임했다. 그는 건강이 매우 좋지 않았던 페인을 자택으로 초대하여 방 한 개를 내어주고 거기서 지내게 했다. 먼로의 자택에 체류하면서 페인은 건강이 허락하는 한 계속해서 글을 썼다. 그는 정당에 다시 복귀하여 그동안 밀린 급여를 돌려받긴 했지만, 회의에 자주 참석하진 않았다. 그러나 페인은 정당 활동에 한 가지 주목할 만한 공헌을 했다. 프랑스 헌법 초안에 대해 검토해달라는 요청을 받고 자신의 견해를 밝힌 것이다. 전반적으로 그는 새 헌법 초안에 동의했지만, 정부가 선거권을 제한하는 것에는 강력히 반대했다. 왜냐하면 그 헌법 초안의 내용에는 오직 전직 군인들과 직접 세금을 낼 정도로 부유한 사람들만 투표권을 가질 수 있었기 때문이었다.[8] 페인은 적어도 절반 이상의 국민에게서 투표권을 박탈하는 것은 공화국의 원칙에 정면으로 위배되는 것으로 본 것이다.

이와 같은 정치적 평등에 대한 페인의 확고한 신념은 그가 경제적 정의를 강력히 주장하게 한 원동력이 되었다. 정치적 평등과 경제적 정의가 서로 어떤 연관 관계를 가지고 있는지 알고 싶으면 그가 『토지 분배의 정의』에서 언급한 헌정사를 들여다보면 된다. 그는 헌정사에서 새 프랑스 헌법의 결함에 대해 다음과 같이 이야기한다. "투표권은…… 자유라는 단어에 내재되어 있으며, 개인의 권리의 평등을 상징하는 것이다. 그러나 내가 부인하는 바와 같이 그러한 권리(투표권)가 재산에 내재되어 있다고 하더라도 참정권은 여전히 모든 사람에게 동등하게 귀속될 것이다. 왜냐하면…… 모든 개인은 특정한 종류의 재산에 대해 태어날 때부터 주어지는 정당한 권리를 가지고 있기 때문이다."[9]

물론 페인이 경제 정의에 대해 언급한 것이 『토지 분배의 정의』가 처음이 아니었음은 분명하다. 앞에서 잠깐 소개한 『인간의 권리』 2부에서도 동일한 이야기를 하고 있다. 하지만 『토지 분배의 정의』에서처럼 강력하고 명확하게 주장하지는 않았다. 그렇다면 몇 년 사이에 『인간의 권리』 2부와 『토지 분배의 정의』에는 어떤 차이가 있었던 것일까? 아마도 룩셈부르크 감옥에서의 수많은 성찰과 독서가 페인의 마음을 놀라울 정도로 성숙시켰을 것이다. 그리하여 그의 마지막 걸작인 『토지 분배의 정의』를 통해 통합적이고 자기 완결적이며 매우 설득력 있는 주장으로 토지 정의에 대한 소신을 피력했을 것으로 보인다.

페인이 『토지 분배의 정의』 서문에서도 밝힌 것처럼 이 짧은 내용의 팸플릿은 1795~1796년에 집필되었다. 그는 영국과 프랑스 사이의 전쟁이 끝날 때까지 출판을 연기할 생각을 했다고 한다. 그러나 미국으로 떠날 계획을 세우면서 내용을 더는 수정하거나 보완하지 않고 1797년 3월에 마침내 책으로 발간하게 되었다. 이 책은 파리와 런던을 비롯하여 미국의 주요 도시와 독일에서도 출판되었다.

이렇듯 『토지 분배의 정의』는 세계 여러 나라의 독자들로부터 좋은 반응을 얻어냈지만, 정작 어느 나라의 정부도 책에서 제시한 페인의 제안을 받아들일 생각을 하지 않았다. 이 책이 쓰일 무렵 한창 주가가 오르고 있던 나폴레옹이 페인에게 영국 상륙 작전에 대해 조언을 구하기도 했지만, 프랑스에서 그의 영향력은 이미 많이 떨어져 있었다. 결국 그는 프랑스와

"

정치적 평등에 대한 페인의 확고한 신념은 그가
경제적 정의를 강력히 주장하게 한 원동력이 되
었다.

"

영국 간의 전쟁이 끝나자 배를 타고 미국으로 떠났다.

미국에서도 역시 페인은 더 이상 세간의 주목을 받는 인물이 아니었다. 그는 일부 사람들로부터 외면을 받았고, 역마차 운전사는 그의 승차를 거부하기도 했다. 그를 조롱하면서 돌을 던지는 사람들도 있었다고 한다.[10] 1800년대 들어 미국의 급진주의에 제동이 걸리면서 미국이 점점 보수화되자 일부를 제외하고는 페인의 편에 서려고 하는 사람이 없었다. 게다가 프랑스와의 전쟁을 치르고 난 후 영국 역시 더욱 보수적인 색채를 띠게 되었고, 급진주의자들이 설 땅은 점점 줄어들었다. 페인은 어디에서도 환영받지 못하는 신세가 되었다.

토머스 페인의 부활

/

공유 자원의 공동 소유를 전제로 배당금을 발행하자는 페인의 아이디어는 1982년 미국 '알래스카 영구기금APF: Alaska Permanent Fund'을 통해 현실에서 정책으로 반영되기까지 참으로 오랜 시간이 걸렸다. 하지만 일부에서는 토지가 인류의 공동 유산이라는 자연법 원칙을 바탕으로 꾸준한 연구가 진행되었다. 그중에서도 특히 주목해야 할 인물이 19세기 후반 미국의 유명한 작가이자 개혁주의자였던 헨리 조지Henry George이다.

헨리 조지는 미국 무대에 혜성처럼 등장한 인물로서, 그의 가장 유명한 책인『진보와 빈곤Progress and Poverty』은 1879년 출간된 이후 300만 부 이상 팔렸으며, 그가 뉴욕의 선거운동 기간에 뇌졸중으로 사망했을 때 장례식에는 10만 명 이상의 사람들이 운집했다고 한다.[11] 그는 토지가 모든 사람의 공동 유산이므로 거기서 나오는 지대소득을 모든 사람이 공유해야 한다고 주장했다. 이와 같은 그의 주장은 오늘날 토지세를 근간으로 하여 기본소득을 지급해야 한다는 일부 주장에 이론적 토대를 마련했다.

헨리 조지는 14세의 어린 나이에 취업 전선에 뛰어들어야 할 만큼 가난에 시달렸다. 한번은 뉴욕 특파원으로 출장을 간 적이 있는데, 거기서 조지는 마천루의 압도적인 위용과 할렘 가의 처참한 가난을 직접 목격하고 엄청난 충격을 받았다. 왜 어떤 사람들은 마천루를 지을 정도로 부자인데, 어떤 사람들은 아무리 열심히 일해도 끼니를 걱정해야 할 정도로 가난한 것일까? 어디에서도 명확한 답을 찾지 못하고 있던 조지는 어느 날 샌프란시스코 교외로 평소 좋아하던 승마를 하러 나갔을 때 계시를 받기라도 한 것처럼 그 답이 떠올랐다면서 다음과 같이 설명한다.

나는 말을 몰아 산기슭까지 올라가는 내내 깊은 생각에 잠겼다. 말이 숨을 헐떡이자 멈춰서 잠시 숨을 고르면서 나는 지나가던 마부에게 더 좋은 대답을 듣고 싶은 생각에 그곳에 어떤 땅이 더 가치가 있는지 물었다. 그는 아주 멀리 떨어져 있어서 쥐처럼 작아 보이는 소들이 풀을 뜯고 있는 곳을 가리키며 "정확히 모르지만 저기 1에이커당 천 달러에 땅을 팔겠다는 사람이 있다"라고 말했다. 그 말을 듣고 나는 부가 늘어나는 것과 더불어 빈곤이 늘어나는 데도 이유가 있다는 생각이 섬광처럼 떠올랐다. 인구가 증가함에 따라 토지의 가치가 상승하고 그 땅에서 일하는 사람들은 거기서 일하는 특권에 대해 더 많은 비용을 지불해야 한다. 나는 조용히 사색하면서 그때 나에게 떠올랐고 그 이후로 계속 뇌리에서 함께하고 있는 하나의 깨달음을 얻고

발길을 돌렸다.[12]

　어린 시절뿐만 아니라 결혼 후에도 겪은 극심한 가난을 통해 헨리 조지가 깨달은 것은 토지의 유무와 토지 규모에 따라 경제적 지위가 극명하게 갈린다는 사실이었다. 가령 샌프란시스코 주변 언덕과 같은 땅을 매입한 다음 가만히 놔두고 가치가 오르기를 기다리는 것만으로도 엄청나게 큰 돈을 벌 수 있다는 것이다. 투기는 토지에 투자한 사람들에게는 큰 보상을 주지만, 합리적인 가격으로 접근할 수 있었다면 그 토지를 훨씬 생산적인 용도로 사용했을 사람들, 즉 농부나 제조업자 그리고 그들이 고용할 숙련 및 비숙련 노동자들에게는 오히려 징벌을 내린다.[13]

　헨리 조지는 이 딜레마를 극복하는 길은 땅에 세금을 부과하는 것이라고 보았다. 그는 모든 개인 소유 토지에 토지 지대를 세금의 형태로 부과할 것을 제안했다. 조지는 이 토지세를 '단일세single tax'라고 불렀는데, 이 세금을 통해 생산자와 노동자에게 부과되는 세금을 비롯하여 다른 모든 세금을 대체할 수 있다고 주장했다. 그렇게 함으로써 땅을 필요 이상으로 사재기하거나 투기하려는 동기를 없앨 수 있고, 토지를 가장 효율성 있고 수익성 있는 용도로 사용할 수 있기 때문에 경제 활동이 더욱 활발해지며, 정부의 세수입 증가로 사회간접자본이나 공동체의 이익을 위한 다른 다양한 정부지출이 활발하게 이루어질 수 있다고 보았다.

하지만 헨리 조지 역시 그 세금의 일부를 개인에게 직접 지불해야 한다는 토머스 페인의 주장에는 동조를 했다. 1885년 4월에 행한 연설에서 그는 단일세에서 나오는 수입을 사용하여 미망인, 고아, 노인들을 지원하자고 역설했다.[14] 그는 "그 기금을 통해 우리는 누구에게도 품위를 손상시키지 않으면서 자연적인 보호자들을 잃어버린 사람들, 사고를 당한 사람들, 너무 나이가 들어 더 이상 일할 수 없는 사람들 모두를 궁핍으로부터 실제로 보호받을 수 있을 만큼 충분한 지원을 제공할 수 있을 것"이라고 말했다. 또한 그는 직업윤리에 반대하는 입장을 직접적으로 밝혔다. "일하지 않은 자들에게 무언가를 주는 것은 평범한 사람들을 해치는 것이라는 일부 세간의 소리들은 모두 기만입니다. 그런 소리들이야말로 자존감을 떨어트리고 모멸감을 주며 마음의 상처가 되는 말들이라는 것이 진실입니다. 그러나 시민이라면 누구나 당연히 받을 자격이 있는 마땅한 권리로서 받아들인다면 모멸감을 느끼지 않습니다. 자선 학교에 다니는 아이들은 마음에 상처를 입지만, 공립학교에 다니는 아이들은 그렇지 않습니다."

여기서 한 걸음 더 나아가 헨리 조지는 21세가 되는 성년 남녀에게 사회배당의 성격을 띠는 사회출발자금을 제공하고 50세 이상의 노인들[15]에게는 죽을 때까지 연금을 지급하자고 제안했던 토머스 페인의 주장을 넘어 '보편적 배당universal dividends'이라는 아이디어를 제시했다. 1885년 7월에 간행된 출판물에서 조지는 '정부가 필요로 하는 것보다 더 많은 세입이 발생했을 경우 무엇을 해야 하는지 말해달라'는 대담자의 요청에 이렇게 대답했다. "정부 기능의 지나친 확장으로 인해 민간의 사기가 저하되면, 정부의 잉여 수입은 개인별로 배당할 수 있다."[16]

헨리 조지가 토머스 페인의 『토지 분배의 정의』를 읽었다는 직접적인 증거는 없다. 그렇더라도 조지의 생각이 페인의 생각과 같은 방향으로 흐르고 있다는 사실만큼은 분명한 것으로 보인다. 다만 페인은 정부 세입의 주된 목적은 개인에게 지급하는 것이라고 본 반면, 조지는 세금의 최우선 목표는 정부의 자금 조달에 있다고 보았다는 점에서 두 사람의 접근방식은 달랐다고 할 수 있다. 그럼에도 불구하고 토머스 페인과 『토지 분배의 정의』를 약 100년 만에 부활시킨 것은 헨리 조지였다는 데 이론의 여지는 별로 없을 것이라고 본다.

페인과 기본소득

/

토지 지대에서 배당금을 분배하자는 페인의 제안은 그 후 거의 200년 가까이 별다른 진척을 보지 못했다. 게다가 헨리 조지가 제시한 토지세를 통한 해결방안에 밀려나 관심을 끌지 못한 채 땅속 깊이 묻혀 있었다. 그러나 1960년대 들어 알래스카에 대량의 석유가 매장된 것이 확인되면서 상황이 달라졌다. 1970년대에 석유라는 공유부를 어떻게 쓸 것인가를 두고 치열한 논쟁이 벌어지면서 페인의 구상은 긴 어둠을 뚫고 다시금 빛을 보게 되었다. 석유라는 천연자원으로부터 얻은 수익을 기금으로 적립하여 모든 개인에게 무조건적이고,

보편적이며, 개별적으로 배당금을 지급하는 길이 열리게 된 것이다.

그런 의미에서 볼 때 미국 알래스카 주에서 처음 시행된 알래스카 영구기금 배당금은 보편성, 무조건성, 개별성, 정기성, 현금성이라는 '기본소득의 5대 원칙'과 가장 잘 부합하는 모델이라고 할 수 있다. 1982년부터 실시된 이 배당금 제도는 알래스카에서 최소한 1년 이상 거주한 사람은 누구나 동일한 액수의 배당금을 1년에 한 번씩 받을 자격을 얻는다. 2017~2021년까지 지난 5년 사이에는 해마다 평균 120만~190만 원이 배당금으로 지급되었다. 이것은 정부가 선별적으로 지급해오던 기존의 복지급여와는 달리 공유부를 기금으로 조성해 그 수익을 공동체 구성원들에게 직접 배당한다는 점에서 진정한 기본소득에 가깝다. 물론 이 정도 액수의 배당금이 개인의 경제적 기본권을 충족시킬 만큼 충분한 금액은 아니지만, 그럼에도 알래스카 주민들은 이 배당금을 중요한 수입원으로 받아들이고 있다.

비영리단체인 〈경제 안정 프로젝트ESP〉가 2017년 3, 4월 알래스카 주민 1,004명을 대상으로 설문 조사를 한 결과가 이를

'모두'의 소유로 되어 있는 돈에서 일부를 떼어 내어 개개인에게 나눠주고, 알아서 각자의 몫을 어떻게 쓸지 결정하도록 하는 것이다. 이보다 더 자본주의적인 것이 어디 있겠는가?

방증하고 있다.[17] 조사 결과 '인생에 매우 도움이 됐다'(40퍼센트)와 '상당히 도움이 됐다'(39퍼센트)를 합쳐 응답자의 79퍼센트가 중요한 수입원이라고 답했다. 특히 가구당 연소득 5만 달러 이하의 여성 63퍼센트가 '매우 도움이 됐다'고 응답해 저소득층일수록 배당금이 큰 도움이 되고 있음을 짐작할 수 있다.

이러한 제도는 사회주의적인 발상이 아니냐고 일부 반론을 제기하는 사람들도 있다. 그런데 1974~1982년까지 알래스카 주지사를 지냈으며 알래스카 영구기금 설립의 주역을 맡았던 공화당 출신 제이 해먼드Jay Hammond는 그렇지 않다고 말한다. "알래스카 배당금 제도는 물론 결코 사회주의적인 것이 아니다. 사회주의란 정부가 부유한 소수로부터 부를 '빼앗아' 만민에게 최상이라고 생각하는 바를 직접 공급하는 것이다. 그런데 이 '영구기금 배당금'이 하는 역할은 정확히 그 반대다. 이는 헌법에 정해진 바에 따라 '모두'의 소유로 되어 있는 돈에서 일부를 떼어내어 개개인에게 나눠주고, 알아서 각자의 몫을 어떻게 쓸지 결정하도록 하는 것이다. 이보다 더 자본주의적인 것이 어디 있겠는가?"[18]

알래스카 영구기금 배당금 시행은 일찍이 토머스 페인이 『토지 분배의 정의』를 통해 공유부를 누구에게 어떻게 분배할 것인가의 문제를 해결하는 차원을 넘어서서 앞으로 기본소득이 어떤 방향으로 어떻게 실현되어야 하는가에 대한 몇 가지 중요한 통찰력을 제공해준다. 첫째, 천연자원에서 나오는 수익은 공유부이므로 국가 펀드를 조성해 국민 모두에게 배당금의 형태로 기본소득을 지급할 수 있다. 둘째, 독립적인 '영구기금공사'를 설립하여 운용함으로써 정치적 영향력으로부터 자유로울 수 있다. 셋째, 저소득층을 비롯한 경제적 약자들에게 최소한의 기본적인 삶의 안정성을 지탱해주는 사회적 버팀목의 역할을 수행할 수 있다.

먼저 지표에 있는 땅은 말할 것도 없거니와 석유뿐만 아니라 각종 광물자원과 지하수를 포함해서 모든 천연자원으로부터 얻는 수익은 공유부로 기금을 만들어 모두의 몫으로 돌려줄 수 있다는 것이다. 실례로 사담 후세인 축출 이후 알래스카 모델을 반영해서 이라크는 석유 기반 배당금 프로젝트를 국가적 차원에서 시행하려고 했으며, 2010~2016년 이란에서는 국내 휘발유 가격 보조금 정책을 폐지하고 그 보조금을 선별이 아닌 보편 지급 원칙으로 국민에게 직접 나눠주는 정책을 추진했다. 이는 전 국민을 대상으로 기본소득을 실행한 세계 최초의 사례이다. 그러나 재정 적자가 늘어나면서 2017년 이후부터는 가계의 자산 규모에 따라 선별적인 현금 지급을 하는 방식으로 바뀌었다. 이란의 사례에서 얻을 수 있는 교훈은 안정적인 재원 확보가 없이는 기본소득을 지속적으로 시행하기가 어렵다는 사실과 불확실성이 큰 정부 재정에만 의존할 것이 아니라 반영구적인 다른 재원을 확보할 수 있도록 국가 운영 시스템을 전환하는 것이 매우 중요하다는 점이다.

한편 이른바 '알래스카 모델'에 대한 국제적인 관심은 점점 커지고 있다. 나이지리아, 가나, 남수단, 인도에서도 구체적인 제안이 이루어지고 있으며, 사우디아라비아, 쿠웨이트, 노르웨이, 베네수엘라의 경우 '흔하디흔한' 석유로부터 국부펀드를 만들 잠재력이 있는지에 관한 연구들이 속속 진행되고 있다. 심지어 '자원이 부족한' 제3세계 국가에서도 공유부 펀드 설립을 통해 잠재적 이익을 얻을 수 있는지 모색하고 있다. 결과는 희망적이다. 경제학자 폴 시걸Paul Segal은 개발도상국의 천연자원 지대가 해당 국가의 시민들에게 배당금으로

분배된다면 세계 빈곤율을 충분히 절반으로 줄일 수 있다고 계산했다.[19]

그 밖에도 천연자원 부를 전 국민의 배당금으로 분배하려는 일부 국가 차원의 실험들이 자생적으로 이루어지고 있다. 그중 하나가 2008년과 2014년 사이에 몽골에서 있었는데, 석탄, 구리, 금 등의 광물자원을 대량 매장하고 있는 몽골이 보편적 배당금을 통해 광업 수입을 대중과 공유하려고 했다. 또한 인도의 고아Goa 주에서는 주 당국이 고아 철광석 영구기금을 설립하고 2019년 인도 전체에 대한 새로운 국가 광물 정책을 공포하기도 했으나, 미래 세대가 권리를 갖는 공유 유산으로서의 고아 철광석 영구기금은 아직 배당금 조항을 포함하고 있지는 않다.[20] 이 외에도 오늘날 알래스카 영구기금과 비슷한 국부 펀드를 운영하는 나라는 50개국이 넘지만, 다양한 제안들만 나왔을 뿐 아직 알래스카 모델만큼 완전하지는 않다.[21] 그런 의미에서 볼 때 알래스카 영구기금 배당금 제도는 현존하는 기본소득 실험 가운데 '조세형' 기본소득이 아닌 '배당형' 기본소득의 전형적인 모델이 되고 있다.

다음 두 번째로 독립적인 영구기금공사의 설립은 집권당이 교체될 때마다 발생할 수 있는 정책의 불확실성을 원천적으로 배제함으로써 공동체 구성원들에게 배당금을 안정적이고 반영구적으로 지급할 수 있는 굳건한 토대를 마련하는 것이다. 알래스카의 경우 횡단 파이프라인을 통해 석유가 흘러나오기까지 알래스카 주민들은 다가오는 횡재를 어떻게 사용할지를 놓고 10년 이상 논쟁을 벌였다. 1969년 주 정부 금고에는 석유 시추 사업권 판매로 벌어들인 9억 달러가 처음으로 입고되었다. 그 자금으로 일부는 학교를 짓고, 일부는 상하수도, 도로, 공항을 비롯하여 다른 유형의 인프라를 구축하는 데 지출하였다. 그러는 사이 그 돈을 다 써버렸다. 주 정부 지출은 이전보다 훨씬 늘어났지만 주민들은 그 효과를 피부로 느끼지 못했으며, 정부가 자연이 준 선물을 터무니없이 낭비했다는 비판이 도처에서 들끓었다. 결국 이런 우여곡절 끝에 1980년 '알래스카에서 나오는 모든 천연자원 수익의 25퍼센트를 영구기금에 적립한다'는 내용이 주 헌법에 삽입되면서 영구기금의 투자 및 관리를 위한 '알래스카 영구기금공사APFC: Alaska Permanent Fund Corporation'가 설립되기에 이르렀다.

정부나 정치인들의 입김이 작용할 수 없도록 독립권을 가지고 운영되는 알래스카 영구기금공사는 어떤 정치적 성향이나 이해관계에도 영향을 받지 않기 때문에 정치적 통제로부터 자유로울 수 있다. 또한 영구기금으로부터 발생하는 수익금은 정부 예산에 편입되지 않고 특별 회계로 편성되어 주민들에게 직접 배당되기 때문에 자연자원에 대한 주민들의 의식과 관심이 고조되는 효과를 가져왔다. 어떤 정치 세력이 집권을 해도, 어떤 성향의 의회가 들어선다 해도, 국민투표 없이는 단 한 글자도 수정할 수 없게 헌법으로 보장함으로써 정치적 외압으로부터 벗어났다는 점은 배당금을 통한 기본소득 실현에 큰 시사점을 던져주고 있다.

마지막 세 번째로 누구에게나 보편적으로 무조건 정기적인 현금을 지급한다고 해서 그 금액이 최소한의 경제적 안정성을 보장하지는 못한다. 기본소득은 태생적으로 정부가 시행하는 '복지급여'가 아니라 공유부로부터 창출되는 '자연소득'이다. '모두의 것으로부터 발생한 소득은 모두에게 공평하게 배분하자'는 것이다. 그러므로 기본소득으로 안정된 경제적 삶을 꿈꾸는 것은 처음부터 무리한 희망이다. 기본소득은 만병통치약이 결코 아니다. 다만 가령 매월 10만 원의 기본소득은 3인 또는 4인 가구의 경우 월 30만~40만 원의 추가 소득이 발생하므로 저소득층 가계일수록 상대적으로 경제적 편익이 더 커 소득 불평등 개선에 도움이 된다. 알래스카 주의 경우 영구기금 배당 이전에는 미국에서 소득 불평등이 가장 심한 주였으나, 배당금이 지급된 이후 미국에서 두 번째로 소득 불평등도가 낮은 주로 거듭났다.

더욱 고무적인 것은 천연자원을 비롯한 모든 자연 자원에서 얻어지는 수익과 앞으로 간략하게나마 언급하게 될[22] 각종 인공 자원으로부터 발생하는 수익을 기반으로 하여 국가 차원의 영구기금이 설립되고, 시간이 지나면서 그 기금의 규모가 커져 국민 배당금 형태의 기본소득 금액이 점점 증가하게 되면 모든 국민이 '최소한의 삶'을 넘어서서 '기본적인 삶'이 보장되는 사회로 이행할 수 있다는 점이다. 이는 특히 인간 지능과 인공 지능이 공존해야 하는 4차 산업혁명 시대의 생존 전략 차원뿐만 아니라 전 지구적 기후 위기에 대처하고 이를 극복하기 위한 전 인류적 공동 협력 차원에서, 국가가 국민의 기본적인 삶의 질을 보장해야 하는 시대적 소명을 다하기 위한 필요조건이라는 점에서도 의미가 크다.

"

시간이 지나면서 그 기금의 규모가 커져 국민
배당금 형태의 기본소득 금액이 점점 증가하게
되면 모든 국민이 '최소한의 삶'을 넘어서서 '기
본적인 삶'이 보장되는 사회로 이행할 수 있다.

"

한편 경제적 효과 외에도 기본소득은 몇 가지 긍정적인 경제외적 효과를 지니고 있는 것으로 나타났다. 1970년대 캐나다에서 실시된 '민컴 프로젝트Mincome Project'나 1980년대 이후 알래스카 영구기금이나 가장 최근인 2017년부터 2년 동안 진행된 핀란드의 보편적 기본소득 실험은 소득 개선 외에도 저소득층 수혜자들의 의욕 증진, 정신적·신체적 건강 회복, 미래에 대한 긍정적 사고, 범죄 및 마약 복용 감소 등과 같은 유의미한 변화를 가져온 것으로 조사되고 있다. 앞으로 더 많은 나라에서 더 많은 다양한 정책 실험들이 실시될 경우 기본소득에 대한 일반적인 시각은 점점 더 호의적으로 변할 것으로 기대된다.

한국의 공유부 배당 실험

/

최근 들어 한국에서도 공유부 배당을 통한 기본소득 실험 사례가 속속 보고되고 있다. 여기서는 두 가지 사례를 소개하겠다. 첫 번째로 전라남도 신안군에서 태양광 발전소를 이용한 공유부를 통해 기본소득 실험이 진행되고 있다. 여의도 면적보다 더 넓은 광활한 땅에 설치된 태양광발전 단지 현장을 직접 눈으로 확인해보면 새로운 희망이 보인다. 신재생에너지 생산을 통해 기후 위기에 적극적으로 대처하고 개발 이익을 배당금의 형태로 전 주민들에게 지급하는 신안군의 모델은 공유부로부터 발생하는 수익을 기본소득으로 돌려주는 대표적인 사례이다.

'햇빛연금'으로 지칭되는 신안군의 태양광 이익 배당금은 2021년부터 시행에 들어갔는데, 주민들의 호응이 좋아 신안군에서는 이 배당금 제도를 확대 실시할 계획을 세우고 있다. 태양광발전이 이미 가동 중에 있는 안좌도, 자라도, 지도, 사옥도에서는 전 주민을 대상으로 배당금이 지급되고 있으며, 공사가 완료된 임자도는 2023년부터 배당금을 지급할 예정으로 있고, 착공 준비 중인 증도와 비금도는 2024년부터 개발 이익을 배당할 예정이다. 이렇게 될 경우 신안군 전체 주민의 45퍼센트가 태양광발전의 직접적인 혜택을 누리게 된다. 또한 신안군은 개발 이익 주민 배당금을 '1004섬신안 상품권'이라고 명명한 지역화폐로 발행 유통함으로써 군 지역 내 자금의 선순환 구조를 형성하여 지역경제 활성화에도 가시적인 효과를 거두고 있다.

전국 최초로 신재생에너지를 통한 개발 이익 공유제를 실시하고 있는 박우량 신안군수는 태양광을 통한 전력 생산뿐만 아니라 해상풍력을 통한 전력 생산에도 지대한 관심을 가지고 이미 착공에 들어갔다. 인구 고령화와 지방소멸 위기 고위험군에 포함된 신안군이 신재생에너지 정책 시행으로 주민 소득 증가, 인구 증가, 기후 위기 대처 등 긍정적인 효과를 창출함에 따라 비슷한 자연환경을 가지고 있는 여타 지역으로의 확산 가능성에 관심이 쏠리고 있다.

전남 신안군의 사례와 마찬가지로 충남 장고도에서는 '해산물 기본소득' 실험이 한창이다. 충남 보령시에 있는 14개 섬들 가운데 하나인 장고도는 2021년 현재 81가구에 200여 명의 주민이 살고 있는 작은 섬이다. 그런데 장고도에서는 1993년부터 해삼 어장에서 얻는 수익을 마을 전체 주민들에게 배당하고 있다. 그해의 수확량에 따라 다소의 차이가 있긴 하지만 2019년엔 가구당 연간 1,100만 원씩을 지급했다. 해삼은 다른 어류 양식과는 달리 씨앗만 뿌리면 저절로 해초를 먹고 자란다. 성체가 될 때까지 노동력을 투입할 필요가 없고 바다가 알아서 키우면 주민들은 다 자란 것을 채취만 하면 된다.

하지만 장고도 주민들이 이처럼 동등한 배당금을 받기까지는 여러 번의 우여곡절이 있었다고 한다. 강제윤 섬연구소 소장의 전언에 따르면, "애초에 장고도의 어장은 양식업자에게 임대를 주고, 마을 공동체인 어촌계가 임대료를 받는 구조였다"는 것이다. 그런데 "특정인의 소유가 아닌 마을 공동의 어장을 임대해주는 것이 불법인데다, 임대료가 1983년 당시로서도 터무니없는 가격인 연 50만 원이었다"면서, "1983년 양식업자가 임대료를 내리려고 시도하자, 새로 부임한 청년 이장이 주민들을 설득해 어장을 되찾았고, 10년간은 어장에서 나온 수익을 마을 재산으로 관리하며 대부업 등에 사용했다. 논란 끝에 1993년에 1년에 가구당 85만 원으로 처음 배당이 시작되자 더 이상 어장 수익에 대한 주민들의 불만이 사라졌고, 어장이 공동의 관심으로 잘 관리되면서 매년 배당액이 커졌다"고 전했다.

그뿐만 아니라 장고도 주민들은 노동 투입과는 상관없이 해삼 양식으로 기본소득을 받고, 두 달간 열 차례 바지락 공동 수확 작업에 참여하면 가구당 500만~600만 원씩의 참여소득을 추가로 벌 수 있다. 이처럼 기본소득과 참여소득을 합쳐 마을 공동체로부터 받는 배당액은 2020년의 경우 가구당 연 2,000만 원 정도였다. 양식업을 하느냐 하지 않느냐에 따라 소득 격차가 큰 다른 섬들과는 달리 장고도 주민들은 균등하고도 안정적인 소득을 얻고 있는 것이다.

이것이 바로 공유부 배당을 통한 기본소득의 실제 사례이다. 섬마을 사람들은 해산물을 길러주는 바다를 함께 힘을 합쳐 잘 지키고, 마을 주민 한 사람도 소외되지 않도록 서로 보살피면서 누구의 소유도 아닌 바다에서 나오는 소득을 마을 공동체 구성원 모두에게 균등하게 배당하는 것이다. 이것은 정부나 지방자치단체가 지급하는 복지급여와는 근본적으로 성격이 다르다. 자연 자원인 바다를 공유부의 원천으로 삼아 거기서 거두어들이는 수익을 섬마을 주민 모두에게 똑같은 몫만큼 배당하는 것이다. 장고도의 해삼 공유부 배당은 자선이나 시혜가 아니라 정당한 권리인 것이다.

이처럼 공유부는 찾아보면 어디에나 존재한다. 첫 번째는 땅, 물, 공기, 바람, 햇빛, 바다, 숲 등과 같은 '자연 공유부'에서 나온다. 두 번째는 빅데이터, 지식재산권, 특허권 등과 같은 '인공 공유부'에서 나온다. 자연 공유부는 토지는 물론이거니와 모든 자연 자원과 생태환경까지를 포괄하여 인류가 출현하기 전부터 원래 존재하고 있었으며, 특정한 '누구의 것'이 아니라 우리 '모두의 것'이다. 그러므로 토지나 천연자원과 같은 자연 공유부를 개발하여 가치를 증대시켰다 할지라도 그 자체를 창조한 것은 아니기 때문에 그로부터 발생하는 수익을 독차지하는 것은 부당하며, 모든 사람들에게 무조건 공평하게 분배되어야 마땅하다.

인공 공유부 역시 다르지 않다. 20세기가 인적 자원과 물적 자원의 시대였다면, 21세기는 데이터 자원의 시대라고 할 수 있다. 또한 19세기가 상업 자본주의 시대, 20세기가 금융자본주의 시대였다면, 21세기는 디지털 자본주의 시대이다. 구글이나 페이스북, 아마존 같은 이른바 플랫폼 기업들의 이윤은 주로 네트워크 효과로부터 나온다.[23] 더 많은 사용자를 모으면 모을수록 플랫폼 기업들의 이윤은 기하급수적으로 증가한다. 전통적인 기업과는 달리 플랫폼 기업에서는 수확체감의 법칙이 아니라 수확체증의 법칙이 작용하는 것이다. 여기서 가장 중요한 것이 데이터이다. 플랫폼 기업의 핵심 기능이 데이터의 추출과 이용에 있기 때문이다.

오늘날 사람들의 일상적인 활동은 대부분 디지털 데이터로 수집돼 소수의 기업과 자본가의 이익 창출에 결정적인 기여를 하고 있다. 플랫폼 기업은 이들 방대한 데이터를 기반으로 한 '빅데이터'를 추출하고 활용해서 천문학적인 이윤을 창출하고 있다. 그런데 이들 불특정 다수의 데이터 정보는 인공 공유부에 해당한다. 하지만 모두의 것이라고 할 수 있는 빅데이터 공유부를 플랫폼을 구축한 기업들이 독식하고 있다. 일종의 '빅데이터 인클로저'를 통해 그들만의 아성을 구축하고 있는 것이다. 그렇다면 그 이윤은 모두 플랫폼 자본의 몫이어야 하는가? 플랫폼을 소유하고 있다고 해서 이용자 모두의 데이터를 활용한 빅데이터까지 독점적으로 소유하는 것이 과연 정당한 자본주의의 이윤 추구 행태란 말인가?

내가 포털이나 유튜브에서 검색어를 입력하지 않았다면, 내가 인터넷 쇼핑몰에서 구매를 하지 않았다면, 나를 비롯한 개개인 모두가 어떤 데이터 기록도 남기지 않았다면, 빅데이터는 애초에 생성될 수가 없다. 그런 의미에서 플랫폼 기업이 데이터를 모아서 분석하고 마케팅에 활용하는 것은 마땅히 보상이 따라야 하겠지만, 데이터 자체는 수많은 유저들의 공유부라고 할 수 있다. 따라서 이용자들이 생산한 데이터의 가치는 모두에게 공평하게 배당되어야 마땅하다.

빅데이터만 인공적 공유부에 해당하는 것이 아니다. 인공적 공유부의 개념을 확대하면 지금까지 인류가 축적한 모든 지식과 정보가 공유부에 해당한다고 볼 수 있다. 플랫폼 기업들은 '지식 공유부knowledge commons'를 적극 활용하여 수익 모델을 창출한다. 그런데 이러한 지식은 하루이틀 사이에 생성된 것이 아니다. 아주 오랜 세월 수많은 사람들에 의해 축적되고 진화해온 인류의 공유부이다. 오늘날 플랫폼 자본주의의 수혜자들은 인류가 공동으로 구축해온 이러한 지식 덕분에 막대한 이윤을 창출하고 있다. 그러므로 지식 공유부에서 나온 이윤 중 일부는 모든 사람들에게 똑같이 분배해야 옳지 않겠는가.

어떤 사람이 토지의 가치를 인공적으로 증대시켰다고 해서 그가 토지를 창조한 것은 아니라는 토머스 페인의 말처럼 플랫폼 기업이 데이터를 수집하고 정제하여 수익 모델을 만들었다고 하더라도 원천 데이터 그 자체를 창조한 것은 아니다. 빅데이터의 주인은 국가나 기업이 아니라 사회 구성원 모두이다. 그렇다면 모든 공동체 구성원들은 데이터 수익의 일부를 배당 받을 당연한 권리를 가지고 있는 것이 아니겠는가. 이것이 페인의 공유부에 대한 현대적 해석과 해법이 아니겠는가.

디지털 자본주의의 특징 가운데 하나가 시간이 갈수록 빈부격차가 더욱 확대된다는 것이다. 일부 플랫폼 기업과 디지털 자본가들의 부는 빠른 시간에 엄청난 규모로 불어나고 있는 데 반해, 하청노동자, 미숙련·저숙련 육체노동자, 특수고용직 노동자, 소득이 불안정한 플랫폼 노동자, 고용의 사각지대에 놓여있는 여성 노동자, 여전히 일자리를 찾고 있는 청년층, 돌봄 서비스가 필요한 저소득층 노약자 등 사회의 맨 밑바닥까지 내몰려 희망을 잃고 사는 사람들이 갈수록 늘어나고 있다. 이대로 간다면 우리 사회의 가장 취약계층이 무너지고, 이어서 중산층이 무너지며, 종국에 가서는 슈퍼 리치들까지 도미노처럼 무너지게 되어 있다.

공유부 배당을 통한 보편적이고 무조건적인 기본소득 지급은 자동화와 플랫폼화로 사회적 양극화가 점점 심화될 미래사회에서 고소득층에 비해 상대적으로 한계소비성향이 큰 저소득층으로의 소득이전효과를 가져오기 때문에 유효수요 창출을 통한 소비 증가와 생산 증가로 이어져 경제 활성화에도 긍정적인 기여를 할 수 있다. 아울러 기본소득은 안정감 회복, 정신적 · 육체적 건강 증진, 범죄 감소, 의료비 감소, 교육 투자로 인한 노동생산성 증가, 사회적 일자리 창출 증가, 지대 및 불로소득 추구 행위의 축소와 소득 불평등 개선, 청년층 창업 활성화 등 다양한 공동체효과를 낳는다.[24]

토머스 페인의 사상은 18세기 말 당시 시대적 상황으로는 가히 혁명적이라고 해도 결코 과언이 아닐 것이다. 물론 미국이나 프랑스가 혁명의 구름이 하늘을 뒤덮는 정치적 격동기에 있었다 하더라도 절대 왕정과 식민지 통치가 팽배하던 사회에서 공유부에 대한 기본권리로서 개인에게 '사회배당'을 통한 기본소득을 주창했다는 것은 시대적 선각자임이 분명하다. 그런 의미에서 조상 대대로 물려받았고 보존해온 사회 전체의 공동 유산에서 나온 공유부는 사회 정의 차원에서 당연히 모든 국민에게 사회배당으로 분배되어야 하며, 이것은 신이 인류에게 준 선물인 토지 및 자연 자원을 공동으로 이용할 권리를 박탈당한 대가로 받는 정의로운 보상이라는 토머스 페인의 신념은 21세기 복지 자본주의를 관통하는 '인본 자본주의human capitalism'의 철학과 사상이 면면히 흐르고 있는 것이라고 볼 수 있다.

앞으로의 세상은 21세기 이전과는 근본적으로 다르다. 마치 계절이 바뀌면 옷을 바꿔 입어야 하는 것과 마찬가지로, 시대가 바뀌면 그에 따라 패러다임을 전환해야 살아남고 번영할 수 있음은 인류의 역사가 오늘을 살아가는 우리 모두에게 알려주는 명징한 울림이다. 산업 자본주의 시대를 배경으로 만들어진 복지국가 모델은 금융 자본주의와 플렛폼 자본주의가 지배하고 있는 오늘날의 경제 체제에는 전혀 어울리지 않는 구닥다리 모델이 되었다. 구멍이 숭숭 뚫린 기존의 복지제도의 사각지대에서 신음하고 있는 경제·사회적 약자들을 구제하기 위해서는 국가의 사회보장 시스템의 맨 밑바탕에 기본소득을 깔고 그 위에 다른 형태의 사회보장정책들을 배치해야 한다. 복지 시스템의 대전환이 시대적 조류인 것이다.

기본소득은 21세기가 낳은 자연적 소산이다. 국가마다 도입 시기와 시행 방법의 차이가 있을 뿐, 선택의 문제가 아니라 필연의 과정이다. 대한민국 또한 결코 예외일 수 없다. 기본소득은 21세기 대한민국이 진정한 선진국으로 도약하기 위한 '기본사회'를 구축하는 데 가장 기본적인 밑거름이 될 것이다. 그 과정에서 수많은 우여곡절과 지난한 합의 과정을 거치겠지만, 국민의 저력을 바탕으로 도도한 시대적 흐름에 순응하면서 한 걸음 또 한 걸음 위대한 도약을 멈추지 않을 것이다.

도움 받은 자료들

• 가이 스탠딩(2018), 안효상 옮김, 『기본소득-일과 삶의 새로운 패러다임』, 창비.

• 강남훈(2019), 『기본소득의 경제학』, 박종철출판사.

• 권정임 · 곽노완 · 상남훈(2020), 『분배정의와 기본소득』, 진인진.

• 금민(2020), 『모두의 몫을 모두에게』, 동아시아.

• 김찬휘(2022), 『기본소득 101』, BOOK JOURNALISM.

• 이노우에 도모히로(2019), 김소운 옮김, 『모두를 위한 분배』, 여문책.

• 이원재(2022), 『안녕하세요, 기본소득입니다』, 어크로스.

• 최인숙 · 고양갑(2021), 『기본소득, 지금 세계는』, 구름바다.

• 필리프 판 파레이스 · 야니크 판데르보흐트(2018), 홍기빈 옮김, 『21세기 기본소득』, 흐름출판.

• 헨리 조지(2019), 이종인 옮김, 『진보와 빈곤』, 현대지성.

• Brent Ranalli(2021), *Common Wealth Dividends*, Palgrave.

• Craig Nelson(2007), *Thomas Paine: Enlightment,*

Revolution, and the Birth of Modern Nations, New York:
Penguin.

- Gregory Claeys(1987), *Machinery, Money and the Millenium: From Moral Economy to Socialism, 1815-1860.* Princeton, NJ: Princeton University Press.

- Henry George Jr.(1900), *The Life of Henry George*, New York: Doubleday & McClure.

- John Locke[1690](2017), *Two Treatises of Government*, ed. Peter Laslett. Cambridge, UK: Cambridge University Press.

- John Salter(2001), *Hugo Grotius: Poverty and Consent*, Political Theory 29(4).

토머스 페인의 삶

영욕의 인생 70년

정균승

영국에서 태어나 18세기 후반 국제적 혁명이론가이자 시대를 앞서가던 선각자로서 미국의 독립전쟁과 프랑스혁명에 크게 기여했으면서도 늘 기득권 세력에게 미운털이 박혀 파란만장한 삶을 살았던, 잘 알려지지 않은 역사 속 인물이 있다. 그의 이름은 토머스 페인Thomas Paine이다. 그는 1737년 영국 잉글랜드 동부의 노퍽Norfolk에서 태어났다. 페인은 개신교 교파의 하나인 퀘이커교도이면서 코르셋을 만드는 가정에서 태어나 13세까지는 학교에 다녔던.[1] 하지만 가난 때문에 중도에 학업을 중단하지 않으면 안 되었다. 그런 연유로 페인은 어린 나이에 여러 직업을 전전하면서 정치 및 사회제도의 모순을 직접 몸으로 겪었다.

　지금 우리가 '상식common sense'이라고 알고 있는 너무나 당연한 것들도 진정한 의미에서 상식이 되기까지는 수많은 선각자들의 피나는 노력과 희생이 있었기 때문에 가능했다. '모든 인간은 평등하며, 자유를 누릴 권리가 있다.'[2] 오늘날 문명국가에서 이 명제에 대해 반대할 사람이 있을까? 아마 어느 누구도 부인하지 않는 너무도 당연한 상식일 것이다. 만일 부인하는 사람이 있다면 그는 틀림없이 '몰상식'하거나 '무식'한 사람 취급을 받을 것이다.

　그러나 18세기 후반까지만 해도 사정은 그렇지 않았다. 지금으로부터 250년 전만 해도 평등과 자유를 외치는 것은 사상이 불손한 대중 선동가이자 정치·사회적 이단아로 낙인찍혀 블랙 리스트의 맨 윗자리에 이름이 올라야 했다. 당시 대표적인 인물이 바로 토머스 페인이었다. 그는 오늘날 우리가 누구나 상식으로 알고 있는 것이 전혀 상식이 아니었던 시대에 처음으로 상식이라고 외치면서 이를 세상에 널리 알리려고 했던 시대적 선각자였음이 분명하다.

　토머스 페인의 이름이 세간에 알려지기 시작한 것은 1776년

1월에 『상식Common Sense』이라는 책을 출간하면서부터이다. 당시의 책은 이른바 팸플릿이라고 불리는 소책자가 대부분이었다. 『상식』 역시 70페이지 분량의 소책자였다. 그런데 이 책이 출간되자마자 미국이 술렁거리기 시작했다. 『상식』은 미국 독립전쟁 당시 자치와 독립을 놓고 치열한 논쟁을 벌이고 있던 미국 사회에 독립으로 가닥이 잡히게 하는 결정적인 역할을 했다.

1774년 말에 영국에서 필라델피아로 건너온 페인은 필라델피아의 공업 종사자들 사이에 번지고 있던 독립사상에 영향을 받았다. 그리고 곧 미국 독립을 찬성하는 열렬한 지지자가 되었다. 그는 그가 배운 독립의 정신을 정리하여 하나의 팸플릿으로 내놓고 싶었다. 당시 대륙 의회를 구성하고 있던 사람들은 하나같이 학자나 법률가, 기업가 등 엘리트층 일색이었다. 그런데 이들은 일반 대중이 이해하기 어려운 난해한 단어와 문장들로 독립사상을 언급했다.[3] 따라서 미국으로 이민을 온 지 얼마 되지 않아 영어가 낯선 이주민들을 비롯하여 많은 저학력 미국인들에게 이들의 저술은 널리 알려지지 못했다. 민주주의 사회에서 정치적인 글은 투표권자인 유권자에게 호소해야 하기 때문에 무엇보다도 명료한 것이어야 했기 때문이다.[4] 영어가 제2외국어인 새로운 이주자들에게 명료한 언어 표현은 필수적인 것이었다.

일반 시민들과 가까이 교류하며 생활해온 토머스 페인은 고전적인 표현과 시적인 문구, 그리고 화려한 수사로 묘사한 이른바 '학식 있는 자'들의 서술방식에서 벗어나 누구나 쉽게 읽고 간단명료하게 이해할 수 있는 팸플릿 형식의 저작물이 필요함을 절실히 느꼈다. 그렇게 해서 탄생한 소책자가 바로『상식』이다. 페인은 불과 70쪽 분량의 짧은 책을 통해 사회와 정부 간의 관계, 왕권의 부당함, 미국 13개 주의 현재 상황과 현안을 일반 대중도 쉽게 읽을 수 있는 평이한 용어로 정리했다.『성경』에서 따온 비유와 직접적 어법으로 쓰인『상식』은 곧 일반 대중 사이에서 폭발적인 인기를 얻었고 미국의 독립전쟁을 통틀어서 독립사상을 고취하는 데 가장 큰 기여를 했다. 사람들은 이 책을 통하여 '왕'이라는 존재가 그의 통치를 원치 않는 사람들 위에 군림하는 것이 얼마나 불합리한 것인지 깨닫게 되었고, 왕권 통치의 부당성을 인지하게 되었다. 페인의『상식』은 왕권에 대한 식민지 대중의 막연한 충성심,

그리고 영국에 대한 무의식적 향수를 뿌리째 흔들었다.[5]

페인의 주장은 오늘날에는 당연한 상식이지만 당시만 해도 그렇지 않았다. 미국 독립의 아버지 조지 워싱턴도 1770년대 초까지는 독립에 반대했고, 벤저민 프랭클린 역시 마찬가지였다. 독립전쟁에 참가한 많은 미국인들도 페인의 주장에 상당한 거부감을 가지고 있었다. 군주제와 공화제를 섞은 영국의 정치 체제가 최선이라고 생각했기 때문이다. 그러나 그들은 페인의 소신에 찬 논리에 자연스럽게 녹아 들어갔다. 대다수가 혁명적인 주장이라고 생각하고 있던 것을 '상식'이라고 당차게 치고 나오는 페인의 주장은 절묘한 설득력을 지니고 있었다.[6]

토머스 페인의 인생은 크게 3막으로 전개되었다고 할 수 있다. 30대 중반까지의 영국 생활, 40대 미국 독립운동 참여, 50대 프랑스혁명 관여 등이 그것이다.[7] 현대 세계사에서 가장 중요하다고 할 수 있는 영국으로부터의 미국 독립운동과 왕정을 무너트린 프랑스혁명에 한 사람이 깊숙이 관여하고 있다는 사실이 이채로우면서도 경이롭다.

그는 기질적으로 불의를 보면 참지 못하는 성격인 듯하다. 젊은 시절 영국 서식스Sussex 주의 세무서에서 근무할 때였다. 간접세 관리들이 공공연히 뇌물을 받는 등 비리를 저지르는 모습을 지켜본 페인은 「간접세 관리들의 문제」(1772)라는 글을 집필했다.[8] 그는 이 글에서 세무관료의 부패가 끊이지 않고 있으며 이를 척결할 수 있는 유일한 방법은 그들의 보수를 올려주는 것이라고 주장했다. 이 글이 공개되자 세무 당국은 발칵 뒤집혔으며, 페인은 갖은 핍박을 받다가 끝내 해고를 당하는 것으로 공직 생활을 마감해야 했다.

영국에서의 젊은 시절 페인은 되는 일이라곤 하나도 없었다. 그것이 비단 그가 중학교만 졸업했다는 이유 때문만은 아니었다. 중학교의 학력임에도 불구하고 선천적으로 타고난 영민함과 논리적 설득력으로 어디서나 실력을 인정받았다. 하지만 그의 영국 생활은 불운과 좌절의 연속이었다. 첫 번째 결혼한 아내와는 채 1년도 안 되어 사별했고, 두 번째 아내와도 얼마 못 가 이혼했다. 세무서를 그만두고 나와서 벌인 사업에서도 실패에 실패를 거듭했다.

절망에 빠져 신음하던 그에게 구세주처럼 나타난 인물이

있다. 바로 벤저민 프랭클린이었다. 프랭클린은 "아메리카는 자네 같은 끓는 피를 가진 젊은이에게는 꿈의 땅이네. 그곳은 자네 같은 개척자적인 두뇌를 요구하고 있어. 아메리카에서 행운을 찾기 바라네." 프랭클린은 페인에게 소개장을 써주었다.[9] 하지만 '꿈의 땅' 미국으로 가는 길은 험난하기만 했다. 대서양을 건너 2주 동안 배를 타고 가면서 페인은 지독한 열병에 걸려 펄펄 끓는 몸으로 꼼짝도 못하고 누워 있었다.

1774년 11월 30일 페인은 마침내 꿈의 땅인 신대륙의 필라델피아에 도착했다. 거기에서 그는 《펜실베이니아 매거진 Pennsylvania Magazine》 잡지사의 기자로 일하면서 익명이나 가명으로 여러 편의 논문과 시를 발표했다. 「아메리카의 아프리카 노예제African Slavery in America」(1775년)는 노예무역을 비판하고 흑인에게 완전한 인권을 보장할 것을 촉구하는 내용의 글로서, 맨 끝에 '정의와 인간애'라는 서명을 덧붙였다.[10] 이때 페인은 이미 정의와 인권을 주장하는 혁명가로서의 피를 온몸에 지니고 있었다.

1775년 4월 19일 렉싱턴 전투가 벌어진 뒤 페인은 미국 독립의 당위성을 뼈저리게 느꼈다. 그는 이제 미국이 단지 영국 정부의 과세에 반발하는 정도로 대항해서는 안 되며 독립을 요구해야 한다고 주장했다. 이 무렵 미국 독립의 정당성과 민주적인 공화정치의 정당성을 주장한 글이 바로 1776년 1월 10일 출간되어 아메리카 신대륙을 뜨겁게 달군 짧지만 강렬한 소책자 『상식』이었다. 페인의 책과 함께 아메리카 대륙은 걷잡을 수 없는 혁명의 소용돌이 속으로 빨려 들어갔다. 마침내 1776년 7월 4일 미국은 독립을 선언했고, 어떻게든 미국 독립을 저지하려는 영국 정부와 더욱 강렬하게 대치하게 되었다.

페인은 독립전쟁에 자원 복무했다. 그런 와중에도 그는 집필활동을 계속해나갔다. 1776년 12월 19일 『미국의 위기 제1호The American Crisis, Number I』를 출판했다. 이 시리즈는 1783년까지 16편이나 이어지는데, 각 글의 끝에는 항상 '상식'이라는 서명이 붙었다. 그만큼 그는 자신의 주장이 어디까지나 상식에 불과함을 역설하고 싶었다. 또한 그의 주장은 상식이기 때문에 최소한 그 정도는 반드시 지켜져야 한다는 것을 웅변하고 있었다. "지금은 인간의 영혼을 시험하는 시기다"라는 의미심장한 말로 시작하는 『미국의 위기 제1호』는 조지 워싱턴이 독립군이 주둔하고 있던 펜실베이나아의 밸리 포지Valley

Forge에 있는 모든 군인들에게 읽으라고 명할 정도로 영향력 있는 글이었다.[11]

  이처럼 미국의 독립을 위해 온몸을 투신하고 있었지만 페인은 극심한 가난에 시달려야만 했다. 펴내는 저서마다 수십만 부가 팔려나갔지만, 그는 책값을 싸게 만들어 널리 보급하겠다는 신조로 아예 인세를 받지 않았다. 하지만 계속되는 가난으로 생활고에 시달리자 결국 그는 의회에 재정지원을 간청했다. 그러나 의회 내에서 그에게 동조하는 의원들은 많지 않았다. 오히려 그를 반대하는 의원들을 중심으로 그의 제안을 묵살하고 말았다. 다행히도 펜실베이니아 주에서 500파운드를 기부하고 뉴욕 주정부가 뉴로셸New Rochelle에 있는 작은 농장을 하사해 그는 가까스로 연명할 수 있었다.[12]

  페인은 '상식'이 통하지 않는 현실에 몹시 괴로워했다. 결국 그는 1787년에 다시 영국으로 건너갔다. 영국에서 그는 한때 뜻이 통하는 동지였던 에드먼드 버크가 1790년에 쓴 『프랑스혁명에 대한 고찰Reflections on the Revolution in France』에 반박하여 1791년 『인간의 권리Rights of Man』를 발표했다. 미국 독립을 옹호했던 버크가 프랑스혁명에 반대하는 것을 페인은 도무지 이해할 수 없었다. 미국의 조지 워싱턴에게 헌정한 이 책은 버크를 논박하는 내용이 대부분을 차지하고 있다. 프랑스혁명에서 자유의 패배를 주장한 버크에게 맞서 페인은 "이 혁명이 모든 인간의 평등만을 보장한 것이 아니라 진정한 개인적 가치의 고양에 이바지했다"고 주장하면서 인권의 중요성을 쉬운 문체로 역설했다. 또한 군주정치과 귀족정치의 폐지, 국가의 교육 시스템의 완비, 누진세 적용을 통한 부의 재분배를 요구했다. 이 책에 대한 반응은 매우 컸으며, 그 결과 영국 전역에 급진적 단체들이 조직되기도 하였다.[13]

이에 대해 버크가 재반박하자 페인은 『인간의 권리』 제2부(1792년)를 발표하여 맞받아쳤다. 『인간의 권리』 1, 2부는 프랑스혁명을 지지하는 사상적 기초가 되었지만, 당시 프랑스 기득권 세력에게는 눈엣가시와 같은 것이었다. 페인은 유럽 사회의 구조적 모순의 원인을 분석하고, 가난·문맹·실업·전쟁 등에 대한 치유책을 찾고자 했다. 그는 대중교육과 빈민구제, 노인 연금, 실업 구제를 위한 공공사업을 시행해야 하며, 그 비용은 누진적인 소득세 징수를 통해 마련해야 한다고 주장했다.[14] 모든 이의 인권을 인정하기 위해서 기득권자의 권리를 제한해야 하는 것은 당연한 상식이었다. 하지만 기득권층의 입장은 그렇지 않았다. 기득권자들의 눈으로 볼 때 페인은 괘씸하기 짝이 없고 상종하기도 싫은 반역도였다.

영국 정부는 이 책을 금서로 지정하여 판매를 금지하고 출판업자를 구속했다. 반역죄로 기소된 페인에게는 체포령이 떨어졌다. 페인은 체포령이 자신에게 도착하기 전에 프랑스 국민공회 의원으로 선출되어 프랑스로 가고 있었다. 영국에서는 그를 궐석 재판에 넘겨 반란죄로 유죄 판결을 내리고 법익을 박탈당한 자라고 선포했다.

하지만 프랑스에서도 페인의 삶은 순탄치 않았다. 그는 군주제 철폐는 지지했지만, 국왕 루이 16세의 목숨은 살려주자고 주장했다. 페인이 볼 때 이미 권력을 상실한 왕은 단지 한 명의 인간에 불과해 보였던 것이다. 그러나 로베스피에르 등 급진주의자들이 권력을 잡자 페인은 1793년 12월 28일 투옥당해 처형당할 위기에 봉착했다. 그러던 차에 이듬해 11월 4일 로베스피에르가 실각하면서 구사일생으로 풀려날 수 있었다.

계속되는 건강상의 문제에도 불구하고 프랑스 국민공회에서 혁명의 완성에 심혈을 기울이던 페인은 1802년 9월 프랑스에서의 생활을 청산하고 미국으로 향했다. 그러나 미국에서의 대우는 예전 같지 않았다. 과거 그가 미국을 위해 애쓴 공로는 잊힌 지 오래되었고, 자신을 세계 최고의 이단자 정도로 취급하고 있음을 감지했다. 새로운 기득권층이 된 이들에게 페인은 이미 불편한 존재였던 것이다. 특히 재산 소유의 불평등을 공격한 페인의 마지막 책 『토지 분배의 정의Agrarian Justice』는 기득권층에게는 참으로 달갑지 않은 것이었다. 새로운 기득권층은 페인이 출옥 전후에 쓴 『이성의 시대The Age of Reason』 1, 2부를 근거로 그를 무신론자로 몰아세웠다.

페인은 술로 나날을 보내며 가난을 잊고 쓸쓸함을 달래야 했다. 그리고 1809년 6월 8일 뉴욕 시에서 72세를 일기로 파란만장한 생을 조용히 마감했다. 페인은 미국 독립혁명에 큰 기여를 한 공로를 인정받아 그가 한때 거주했던 뉴로셸 농장에 묻혔다. 그로부터 10년 후 정치 저널리스트 윌리엄 코벳이 그의 유해를 영국으로 가져갔다. 코벳은 뒤늦게나마 페인의 장례식을 그의 공로에 걸맞게 치러주려고 했지만 그의 뜻대로 되지 않았다.[15] 엎친 데 덮친 격으로 페인의 유골마저 분실되어 그의 흔적은 이제 오직 책으로만 남겨지게 되었다.

토머스 페인의 삶을 돌이켜보건대 그는 태어나서 한 번도 평탄한 생활을 누리지 못했다. 심지어는 죽고 난 후에도 평온히 안식하지 못했다. 그의 생애와 사상이 온통 혁명으로 가득 채워져 있었기 때문이었다. 그러나 그의 책 제목처럼 그의 주장은 '상식'이었다. 다만 그 상식마저 지켜지지 않는 것이 현실이었기 때문에, 페인은 부득이하게 혁명가가 되지 않을 수 없었다. 마치 20세기의 위대한 혁명가 체 게바라가 그랬던 것처럼 토머스 페인은 일반 평민과 소외된 계층에 대한 사랑과 인권, 정의와 인간애를 바탕으로 뼛속까지 혁명적인 사람이었다.

체 게바라는 아르헨티나에서 태어났다. 중상류층 가정에서 태어나 25살에 의학박사 학위를 따고 의사로서의 안정된 삶이 보장되어 있었지만 20세기 초 남미 민중의 가난한 삶 한복판으로 뛰어들었다. 과테말라에서 친미 쿠데타를 목격한 그는 민중을 위한 진정한 혁명은 '비폭력적 개혁'이 아니라 '무

"

그의 주장은 '상식'이었다. 다만 그 상식마저 지켜지지 않는 것이 현실이었기 때문에, 페인은 부득이하게 혁명가가 되지 않을 수 없었다.

"

력 혁명'에 의해 이루어져야 한다고 믿었다. 그 후 그는 멕시코로 망명하여 쿠바의 피델 카스트로와 운명적인 만남을 가졌다. 거기서 카스트로와 의기투합한 게바라는 쿠바해방운동에 동참하기 위해 죽을 고비를 넘기며 천신만고 끝에 쿠바에 도착했다. 그리고 마침내 1959년 1월 쿠바혁명의 주역이 되어 쿠바 민중의 영웅으로 떠올랐다. 하지만 그는 여기에 만족할 수 없었다. 쿠바와 작별한 체 게바라는 돌연 아프리카 콩고의 혁명군에 가담하여 활동하다가 다시 남미의 볼리비아 반독재 혁명군을 이끌게 된다. 하지만 1967년 미군의 지원을 받는 볼리비아 독재정권의 정부군에 체포되어 같은 해 처형을 당하고 만다. 그때 그의 나이 39살이었다.

이제 체 게바라는 가고 없다. 그러나 그가 평생 걸어갔던 '영원한 혁명가'로서의 삶과 사상은 그와 함께 사라지지 않고 지금도 전 세계적으로 '체 게바라 열풍'을 일으키고 있다. 체 게바라는 세상을 떠나고 난 후 그가 생존했던 39년의 짧은 기간보다 '훨씬 더 오랜 기간 동안,'그가 살아 있을 때보다 '훨씬 더 많이' 유명해진 인물이다.

여기서 체 게바라의 일생을 회고해보는 것은 토머스 페인의 삶과 사상이 체 게바라와 많이 닮아있다는 사실 때문이다. 물론 페인이 게바라보다 훨씬 앞서 살았던 인물이지만, 게바라에 비해 너무 알려지지 않았기 때문에 오히려 페인이 죽고 200년도 한참 더 지난 21세기에 그의 이념과 사상을 재조명하고 싶은 연유에서다. 왜냐하면 지금의 시대가 토머스 페인을 재소환하고 있기 때문이다. 생애를 통틀이 보더라도 토마스 페인은 역사적으로 대단히 위대한 인물이었음이 분명하다. 그럼에도 불구하고 그의 업적이 크게 알려지지 않았던 것은 그가 전통적인 기득권층뿐만 아니라 동시대의 새로운 권력층에게조차 달갑지 않은 존재로 여겨졌기 때문이다.

그는 상식을 지키기 위한 혁명을 위해서는 국적을 불문했다. 또한 그에게는 특정한 나라의 특정한 적이 없었으며, 인권을 유린하고 평등을 가로막는 자들은 국경을 초월하여 누구나 적이었다.[16] 이 점에서도 토머스 페인과 체 게바라는 닮은 점이 많다. 다만 차이점이라고 한다면 페인은 주로 영국과 미국 및 프랑스 등 당대 최강대국 사이에서 활동했던 반면, 게바라는 쿠바, 과테말라, 볼리비아, 멕시코 등 주로 남미 개발도상국들에서 활약했다는 점일 것이다.

이제 세계의 시민들이 국가나 이념을 뛰어넘어 이웃처럼 교류하는 시대가 되었다. 여기서 다시 한번 상기할 것은 인권과 공평은 상식이라는 것이다.[17] 『토지 분배의 정의』와 『상식』이라는 '혁명적' 책이 나온 지 거의 250년이 되었는데, 우리는 과연 정의와 상식을 지키고 있는가? 지금 우리 사회에 분배 정의와 인간의 기본 권리와 상식이 정말 통하고 있는가? 대한민국은 지금 과연 '정의가 강물처럼 흐르고 자유가 들꽃처럼 만발'하는 세상인가?

주

토지 분배의 정의

1. 프랑스혁명을 말함.

2. 뒤에서 언급하지만 페인에 따르면 당시 젊은 부부가 15파운드씩을 받으면 암소 한 마리를 사서 몇 에이커의 땅을 경작할 수 있을 정도라고 말했다.

3. 이 소책자를 쓸 당시 토머스 페인은 발진티푸스를 비롯하여 각종 질병과 사투를 벌이고 있었음.

4. 당시까지만 해도 평균 기대수명이 40세에 불과했다고 함.

5. 당시만 해도 유아사망률이 매우 높았음.

6. 출자자 중 사망자가 있을 때마다 배당을 늘려 맨 나중까지 생존한 자가 전액을 받음.

7. 1793~1797년 프랑스혁명에 위협을 느낀 영국과 유럽 각국이 프랑스에 대항하기 위해 결성한 제1차 대프랑스 동맹이 일으킨 전쟁.

8. 미국 독립전쟁에 기여한 공로를 인정하여 뉴욕 주정부가 하사한 작은 농장을 비롯한 재산이 미국에 있었음.

9. 1793~1797년에 일어났던 제1차 대프랑스 동맹 전쟁.

10. 본래의 화폐뿐만 아니라 그에 의해서 여타의 모든 교환 가치를 표시하기 위한 기준으로 되는 재화를 일반적으로 계산화폐 혹은 뉴메레르(numéraire)라고 한다. 가령 어떤 사회에 n종의 재화가 있다

고 할 때, 그중 하나의 재화인 제1재(예를 들어 쌀)를 화폐재로 하면, n종의 재화의 가격은 제각기 그것과 교환되는 쌀의 분량으로 표시할 수 있다. 이 경우에 가치척도의 구실을 하는 제1재(쌀)를 '왈라스의 뉴메레르'라고 하며, 이 경우에는 쌀을 단위로 하여 다른 재화들의 가격이 표시된다. 따라서 뉴메레르의 값은 언제나 1이다.

토머스 페인과 기본소득

1. 원제목을 직역하면 『토지 정의』로 표기해야 하지만, 책의 내용상 『토지 분배의 정의』로 표기했음.

2. Ranalli(2021), p.7.

3. Salter(2001), p.540.

4. Claeys(1987), p.7.

5. Locke[1690](2017), p.170.

6. Ranalli(2021), pp.11~12.

7. 앞의 책, 18쪽.

8. 앞의 책, 18쪽.

9. 앞의 책, 19쪽.

10. Nelson(2007), p.312

11. 가이 스탠딩(2018), 49쪽.

12. George(1900), p.210.

13. Ranalli(2021), p.24.

14. 앞의 책, 25쪽.

15. 당시 평균 기대수명은 채 50세가 되지 못했을 것으로 추정됨.

16. Ranalli(2021), p.26.

17. 이원재(2022), 133쪽.

18. 필리프 판 파레이스 외 1인(2018), 219쪽.

19. Ranalli(2021), pp.47~49.

20. 앞의 책, 49~50쪽.

21. 필리프 판 파레이스 외 1인(2018), 219쪽.

22. 간략하게 언급한다는 의미는 앞으로 인공 자원에 관한 다양한 논의
    가 공론의 장을 통해 이루어질 것이기 때문에, 여기서 자세히 언급
    하기에는 시기상조라는 생각이 들어서이다.

23. 금민(2020), 12쪽.

24. 강남훈(2019), 57쪽.

토머스 페인의 삶 — 영욕의 인생 70년

1. 〈두피디아〉, 두산백과사전 참고.

2. 차창룡, 〈인물세계사〉, 네이버 지식백과.

3. 김성남, 〈전쟁사〉 네이버 지식백과.

4. 주한 미국대사관 공보과(미국 국무부), 〈미국의 문학〉, 네이버 지식백과.

5. 김성남, 위의 글.

6. 차창룡, 위의 글.

7. 앞의 글.

8. 앞의 글.

9. 앞의 글.

10. 앞의 글.

11. 앞의 글.

12. 앞의 글.

13. 〈두피디아〉, 두산백과.

14. 차창룡, 위의 글.

15. 앞의 글.

16. 앞의 글.

17. 앞의 글.

토머스 페인, 혁명인가 상식인가
토지 분배의 정의

1판 1쇄 찍음   2023년 3월 20일
1판 1쇄 펴냄   2023년 3월 27일

지은이   토머스 페인
옮긴이   정균승
펴낸이   조윤규
편집   민기범
디자인   홍민지

펴낸곳   (주)프롬북스
등록   제313-2007-000021호
주소   (07788) 서울특별시 강서구 마곡중앙로 161-17 보타닉파크타워1 612호
전화   영업부 02-3661-7283 / 기획편집부 02-3661-7284 | 팩스 02-3661-7285
이메일   frombooks7@naver.com

ISBN   979-11-88167-74-6 03300

이 도서의 국립중앙도서관 출판예정도서목록(CIP)은 서지정보유통지원시스템 홈페이지
(http://seoji.nl.go.kr)와 국가자료공동목록시스템(http://www.nl.go.kr/kolisnet)에서 이
용하실 수 있습니다. (CIP제어번호 : CIP2019040590)